Learn French With Short Stories Parallel French & English Vocabulary for Beginners

Farewell Lyon: Laughter, Christmas, and Departures in Clara's French Saga

French Hacking

Copyright © 2024 French Hacking

All rights reserved. No part of this publication may be reproduced, distributed or transmitted in any form or by any means, including photocopying, recording, or other electronic or mechanical methods, without the prior written permission of the publisher, except in the case of brief quotations embodied in critical reviews and certain other non-commercial uses permitted by copyright law.

Trademarked names appear throughout this book. Rather than use a trademark symbol with every occurrence of a trademarked name, names are used in an editorial fashion, with no intention of infringement of the respective owner's trademark. The information in this book is distributed on an "as is" basis, without warranty. Although every precaution has been taken in the preparation of this work, neither the author nor the publisher shall have any liability to any person or entity with respect to any loss or damage caused or alleged to be caused directly or indirectly by the information contained in this book.

"One language sets you in a corridor for life. Two languages open every door along the way."

- **Frank Smith**

French Hacking

French Hacking is a revolutionary educational language learning company focused on teaching individuals how to learn French in the shortest time possible. Our mission is for our students to develop a command of the French language by utilizing the hacks, tips, and tricks included in the learning materials we create. We want our students to become confident in their speaking abilities as they advance their conversational skills by teaching what's necessary without having to learn the finer details that don't make much of a difference or aren't even used in the real world.

Unlike our competitors, who have books geared toward multiple languages, our language learning books are dedicated exclusively to learning French. Our focus on only one language allows us to truly concentrate on creating superior educational materials.

Our books are created by native French speakers and then put through a vigorous editing process with two more native French editors and proofreaders to ensure the highest quality content. Rest assured that you are learning proper grammar and syntax as you read through our books.

The unique formatting of our books will give you the best experience possible as you learn French! The bilingual English and French text appear side-by-side for easy reference without needing a dictionary. With fun images for each chapter, you will better visualize the scenes within the story and stay engaged. Reading is an immersive experience, and we want to make learning fun and enjoyable.

There are no other books like ours on the market. Let us help accelerate your journey to learn French with our fun and effective educational materials that make learning French a breeze!

About this book

This book offers a distinctive approach to mastering French through an immersive experience, blending delightful storytelling with a practical learning format.

As you embark on this adventure, you will notice that each chapter is presented twice: once in French alone and once in parallel text with side-by-side translations, featuring the original French text alongside its English counterpart. Our goal is to provide you with an authentic and engaging way to learn French as it is spoken and written.

We want to highlight that the English translations are crafted from the original French, focusing primarily on conveying the meaning and essence of the text. This means that, at times, the translations might not follow the typical structures or idioms of standard English. Such instances are intentional, aiming to give you a deeper understanding of the French language, including its unique expressions and nuances.

This method encourages you to think in French, rather than simply translating words. As you progress through the stories, you will find yourself naturally grasping the French language, appreciating its beauty, and understanding its context more clearly.

Who's it for?

This book is written for students who are just starting out, all the way to intermediate French learners (if you're familiar with the Common European Framework of Reference - CEFR, it would be the equivalent to A1-B1).

Why you'll enjoy this book

- Not a kid's story, they have too many wizards and animals that you don't use in everyday speech.
- The story line is interesting and something you can relate to, unlike children's books.
- There is relevant vocab you can use right away which will motivate you to read more.
- No dictionary needed as there are easy to follow translations next to each paragraph.

How to get the most out of this book

1. Read the chapter all in French and see how much you can pick up on.
2. Read the side by side French/English section to fill in any gaps you weren't able to understand.
3. Download the audio and have a listen.
4. Listen to the audio while simultaneously reading the story.

BONUS!

Enhance your learning experience with a complimentary Audiobook and PDF of this book! Discover the details on the back page.

TABLE OF CONTENTS

MAIN CHARACTERS 1
1. WEEK-END À ANNECY 2
2. CHRISTOPHE PART EN RÉÉDUCATION 14
3. LE MYSTÈRE DE VALENTINE ÉLUCIDÉ 26
4. PRÉPARATIFS DE LA FIN DU SÉJOUR DE CLARA 40
5. UN PETIT TOUR À ANTIBES 52
6. LA RECHERCHE D'UN NOUVEAU COLOCATAIRE SE PRÉCISE 64
7. LA FÊTE DES LUMIÈRES 76
8. PRÉPARATIFS DE NOËL 88
9. NOËL EN FAMILLE 99
10. DERNIERS JOURS ET GRAND DÉPART... 111
BONUS 124
ANSWERS 126

Main characters

Hello! My name is Clara. I'm American, and I'm living in Lyon for a while.

The French family:

I'm Patrick, the father.

I'm Florence, the mother.

I'm Céline, the daughter, and I'm Clara's best friend.

I'm Mattéo, the son.

1. Week-end à Annecy

L'automne est maintenant bien installé. Les feuilles tombent et l'air est frais. Le ciel est plus **souvent** gris, les écharpes sont de retour sur les épaules ; finies, les balades nocturnes en t-shirt, finies les fenêtres grandes **ouvertes** toute la journée et les oiseaux qui chantent. Mais l'automne apporte son petit lot de plaisirs simples, lui aussi : les chocolats chauds dans des cafés cosy, la lecture d'un bon livre ou d'une bande dessinée sous une couverture, emmitouflé sur le canapé, les soirées **au chaud** entre copines.

N'exagérons rien : ce n'est pas la Sibérie. Les températures **se rapprochent** doucement de 10 degrés, rien de bien dramatique. Mais Clara rêve d'aller passer quelques jours au soleil d'Antibes avec Adam. Elle pense déjà avec nostalgie à ce bel été qui lui avait semblé à la fois très long et très court. Elle **repense** surtout à la plage, à la **mer** et au bateau. Il faut qu'elle prévoie d'y retourner avant de repartir !

Car oui, c'est aussi l'une des **préoccupations** de Clara : il ne reste que deux mois jusqu'à la fin de son année en France. À la fin du mois de décembre, juste après **Noël**, il lui faudra repartir vers sa famille, aux États-Unis. Ses **sentiments** à ce sujet sont très confus : c'est avec une grande joie qu'elle s'imagine déjà retrouver ses parents, sa maison, sa chambre, ses amis. Mais cela ne **soulagera** pas sa peine d'être loin de ses amis français, de sa nouvelle

vie à la Croix-Rousse, de ses petits cafés favoris... et, bien sûr, loin d'Adam. Alors elle essaye de ne pas trop y penser, pour profiter encore à fond, **jusqu'au bout**.

Elle en parle tout de même à Céline, à qui vient l'idée lumineuse de vérifier les conditions d'importation d'un chien sur le **sol** américain.

Souvent (adverbe) : often, frequently
Ouvert (adjectif) : open
Au chaud (locution adverbiale) : warm, in the warmth
Se rapprocher (verbe pronominal) : to get closer
Repenser (verbe) : to rethink, to think again
Mer (f) (nom commun) : sea, seaside
Préoccupation (f) (nom commun) : concern, worry
Noël (m) (nom commun) : Christmas
Sentiment (m) (nom commun) : feeling
Soulager (verbe) : to relieve, to ease
Jusqu'au bout (locution adverbiale) : until the end
Sol (m) (nom commun) : soil, ground

« **Selon** le site Internet, du moment que l'animal est vacciné, tu peux le prendre avec toi, dit Céline en lisant une page Internet sur son **portable**. **Cela dit**, ils conseillent de faire faire un certificat. Ça vaudrait le coup d'aller chez le vétérinaire, tu crois pas ? suggère-t-elle.

- Ah, oui, c'est sympa merci, acquiesce Clara, dans un **soupir**. Je suis tellement contente de pouvoir ramener Scruffles avec moi...

- Mais pourquoi tu as l'air si triste, alors ? demande Céline.

- Bah, tu sais, si je pouvais aussi faire un certificat pour toi, pour Adam et pour Lyon **tout entier**, pour vous ramener dans mes bagages, je le ferais **volontiers** ! s'amuse Clara. Oh, ça va aller. Mais vous allez me manquer !

- Eh, ma belle, c'est toi qui vas nous manquer, dit Céline en souriant **tristement**. Et moi, je vais devoir trouver une nouvelle colocataire. Je te raconte pas comme j'ai pas envie. Ça marche si bien, la vie avec toi. Je n'imagine pas ce que ça peut être avec quelqu'un d'autre.

- **D'ailleurs**, à ce sujet, tu devrais commencer à chercher, non ? demande

Clara.

- Eh bien oui, tu as raison, convient Céline. Je vais poster une annonce... »

Les filles sont un peu tristes, c'est vrai. Mais elles savent qu'elles se reverront, **sans aucun doute** possible. Ni l'une, ni l'autre ne peut s'imaginer les choses différemment : elles sont liées **à vie**. Céline se demande déjà quand est-ce qu'elle va pouvoir lui rendre visite.

Et Adam, de son côté, se pose les mêmes questions. Clara ne le sait pas encore, mais il est déjà en train de faire des projets de voyages. En parlant de voyage, les filles doivent se préparer pour leur week-end à Annecy ! Elles partent dans **moins de** vingt-quatre heures. Mais le sac est vite préparé : un ou deux pulls, une écharpe, des vêtements de rechange, un livre, des écouteurs, les papiers d'identité, un appareil photo, une **trousse de toilette**, et voilà !

Selon (préposition) : according to
Portable (m) (nom commun) : cell phone
Cela dit (locution adverbiale) : that being said
Soupir (m) (nom commun) : sigh
Tout entier (locution adjectivale) : completely, as a whole
Volontiers (adverbe) : willingly, gladly
Tristement (adverbe) : sadly, unfortunately
D'ailleurs (locution adverbiale) : by the way
Sans aucun doute (locution adverbiale) : without a doubt, definitely
À vie (locution adverbiale) : for life, lifetime
Moins de (locution prépositionnel) : less, fewer
Trousse de toilette (f) (nom commun) : toiletry bag, wash bag

Le jour du départ, après les cours, les deux amies vont **déposer** Scruffles chez les parents de Céline. Puis Florence les dépose gentiment à la gare, un peu en avance pour leur train. En attendant l'arrivée du train, elles prennent un café et restent **à l'abri du** vent et de la petite pluie fine. Céline **peste** contre le mois de novembre, qu'elle déteste. Cela fait rire Clara. Céline est définitivement très drôle quand elle se met à râler. Le train les dépose de nuit au centre-ville d'Annecy.

Les filles **s'orientent** vers l'hôtel réservé par les parents de Céline. Leur chambre donne sur le lac d'Annecy : c'est tout simplement splendide, même de nuit. Clara a hâte de voir la vue le matin, puis l'après-midi. On peut

deviner les montagnes autour du lac, qui **se découpent** dans le ciel nocturne. Installées dans leur chambre d'hôtel, les copines regardent un plan de la ville pour trouver quelques pubs et restaurants. Elles se dirigent vers le quartier des bistrots. Une rivière **traverse** la ville et **se jette dans** le lac. Les quais sont bordés de rues piétonnes chargées de touristes et de **badauds** affairés à discuter, chercher un café, prendre des photos. Dans la lumière de la ville, les bâtiments historiques paraissent superbes.

Clara est tout simplement émerveillée : elle n'aurait pas pensé trouver un tel **bijou** si proche de Lyon. Finalement, les deux amies s'installent sur une terrasse chauffée pour prendre un apéritif avant de choisir leur restaurant. Elles demandent au serveur quels sont ses restaurants préférés. Celui-ci **s'avère** très sympathique : il leur conseille plusieurs adresses, et finalement, elles décident d'aller manger du poisson du lac dans un petit restaurant un peu chic du centre. Après tout, ce week-end est un cadeau, il faut en profiter !

Installées dans le restaurant, elles prennent un selfie qu'elles envoient aux parents de Céline pour les informer qu'elles sont bien arrivées et qu'elles sont très heureuses. Pour toute réponse, elles reçoivent une photo de Scruffles endormi sur le dos, les quatre **pattes** en l'air et la langue **pendante** !

Déposer (verbe) : to drop off
À l'abri de (locution prépositionnelle) : safe from, sheltered from
Pester (verbe) : to curse
S'orienter (verbe pronominal) : to head to (in this context)
Se découper (verbe pronominal) : to stand out (in this context)
Traverser (verbe) : to cross
Se jeter dans (verbe pronominal) : to flow into
Badaud (m) (nom commun) : onlooker
Bijou (m) (nom commun) : jewel, piece of jewelry
S'avérer (verbe pronominal) : to prove to be, to turn out to be
Patte (f) (nom commun) : paw, leg (animal or object)
Pendant (adjectif) : hanging

Questions (Chapitre 1)

1. Pourquoi Clara rêve-t-elle d'aller à Antibes ? (Plusieurs réponses possibles)
a) Pour échapper au froid de l'automne
b) Pour rencontrer Adam
c) Pour profiter du soleil et de la plage
d) Pour explorer de nouveaux restaurants et cafés

2. Quand Clara doit-elle repartir aux États-Unis ?
a) À la fin de l'automne
b) Après le Nouvel An
c) Après Noël
d) Avant Thanksgiving

3. Quel document le site Internet conseille-t-il d'avoir pour pouvoir emmener un chien aux États-Unis ?
a) Un passeport pour animaux
b) Un certificat de vaccination
c) Un permis de voyage pour animaux
d) Un certificat de bonne santé

4. Que prévoit de faire Céline concernant le départ de Clara ?
a) Trouver un nouveau colocataire
b) Partir en voyage avec Clara
c) Postuler pour un nouvel emploi
d) Déménager chez ses parents

5. Où se situe la chambre d'hôtel des filles à Annecy ?
a) Au cœur de la montagne
b) Surplombant le lac d'Annecy
c) Dans un quartier animé
d) À proximité des rues piétonnes

1. Week-end à Annecy

L'automne est maintenant bien installé. Les feuilles tombent et l'air est frais. Le ciel est plus souvent gris, les écharpes sont de retour sur les épaules ; finies, les balades nocturnes en t-shirt, finies les fenêtres grandes ouvertes toute la journée et les oiseaux qui chantent. Mais l'automne apporte son petit lot de plaisirs simples, lui aussi : les chocolats chauds dans des cafés cosy, la lecture d'un bon livre ou d'une bande dessinée sous une couverture, emmitouflé sur le canapé, les soirées au chaud entre copines.

N'exagérons rien : ce n'est pas la Sibérie. Les températures se rapprochent doucement de 10 degrés, rien de bien dramatique. Mais Clara rêve d'aller passer quelques jours au soleil d'Antibes avec Adam. Elle pense déjà avec nostalgie à ce bel été qui lui avait semblé à la fois très long et très court. Elle repense surtout à la plage, à la mer et au bateau. Il faut qu'elle prévoie d'y retourner avant de repartir !

Car oui, c'est aussi l'une des préoccupations de Clara : il ne reste que deux mois jusqu'à la fin de son année en France. À la fin du mois de décembre, juste après Noël, il lui faudra repartir vers sa famille, aux États-Unis. Ses sentiments à ce sujet sont très confus : c'est avec une grande joie qu'elle s'imagine déjà

1. Weekend in Annecy

Autumn is well underway. The leaves are falling and the air is crisp. The skies are more often grey, scarves are back on shoulders, no more evening strolls in t-shirts, no more windows wide open all day and birds singing. But autumn also brings its share of simple pleasures: hot chocolates in cosy cafés, reading a good book or comic strip under a blanket, wrapped up on the sofa, warm evenings with girlfriends.

Let's not exaggerate: this is not Siberia. Temperatures are slowly approaching 10 degrees, nothing too dramatic. But Clara dreams of spending a few days in sunny Antibes with Adam. She's already thinking longingly of that beautiful summer, which had seemed both very long and very short. She thinks especially of the beach, the sea and the boat. She must plan to go back there before she leaves!

Yes, this is also one of Clara's concerns: there are only two months left until the end of her year in France. At the end of December, just after Christmas, she will have to return to her family in the United States. Her feelings on the subject are very confused: she is overjoyed to see her parents, her home, her room and

retrouver ses parents, sa maison, sa chambre, ses amis. Mais cela ne soulagera pas sa peine d'être loin de ses amis français, de sa nouvelle vie à la Croix-Rousse, de ses petits cafés favoris... et, bien sûr, loin d'Adam. Alors elle essaye de ne pas trop y penser, pour profiter encore à fond, jusqu'au bout.

Elle en parle tout de même à Céline, à qui vient l'idée lumineuse de vérifier les conditions d'importation d'un chien sur le sol américain.

« Selon le site Internet, du moment que l'animal est vacciné, tu peux le prendre avec toi, dit Céline en lisant une page Internet sur son portable. Cela dit, ils conseillent de faire faire un certificat. Ça vaudrait le coup d'aller chez le vétérinaire, tu crois pas ? suggère-t-elle.

- Ah, oui, c'est sympa merci, acquiesce Clara, dans un soupir. Je suis tellement contente de pouvoir ramener Scruffles avec moi...

- Mais pourquoi tu as l'air si triste, alors ? demande Céline.

- Bah, tu sais, si je pouvais aussi faire un certificat pour toi, pour Adam et pour Lyon tout entier, pour vous ramener dans mes bagages, je le ferais volontiers ! s'amuse Clara. Oh, ça va aller. Mais vous allez me manquer !
- Eh, ma belle, c'est toi qui vas nous manquer, dit Céline en souriant

her friends again. But it won't ease her pain to be away from her French friends, her new life in La Croix-Rousse, her favorite little cafés... and, of course, away from Adam. So she tries not to think about it too much, to enjoy it to the end.

Nevertheless, she tells Céline, who comes up with the bright idea of checking the conditions for importing a dog onto American soil.

"According to the website, as long as the animal is vaccinated, you can take it with you, says Céline, reading a web page on her laptop. That said, they advise you to get a certificate. It would be worth going to the vet, don't you think? she suggests.

- Ah, yes, that's nice, thank you, Clara agrees, with a sigh. I'm so happy to be able to take Scruffles back with me...

- Why do you look so sad, then? asks Céline.

- Well, you know, if I could also make a certificate for you, for Adam and for Lyon as a whole, to take you back in my luggage, I'd be happy to do it! laughs Clara. Oh, I'll be fine. But I'm going to miss you!
- Hey, sweetheart, we're going to miss you, says Céline, smiling sadly.

tristement. Et moi, je vais devoir trouver une nouvelle colocataire. Je te raconte pas comme j'ai pas envie. Ça marche si bien, la vie avec toi. Je n'imagine pas ce que ça peut être avec quelqu'un d'autre.	And I'm going to have to find a new roommate. I can't tell you how much I don't want to. Life with you is going so well. I can't imagine what it would be like with someone else.
- D'ailleurs, à ce sujet, tu devrais commencer à chercher, non ? demande Clara.	- Speaking of which, don't you think you should start looking? asks Clara.
- Eh bien oui, tu as raison, convient Céline. Je vais poster une annonce... »	- Well, yes, you're right, agrees Céline. I'll post an ad..."
Les filles sont un peu tristes, c'est vrai. Mais elles savent qu'elles se reverront, sans aucun doute possible. Ni l'une, ni l'autre ne peut s'imaginer les choses différemment : elles sont liées à vie. Céline se demande déjà quand est-ce qu'elle va pouvoir lui rendre visite.	The girls are a little sad, it's true. But they know they'll see each other again, without a doubt. Neither of them can imagine things any differently: they're linked for life. Céline is already wondering when she'll be able to visit her.
Et Adam, de son côté, se pose les mêmes questions. Clara ne le sait pas encore, mais il est déjà en train de faire des projets de voyages. En parlant de voyage, les filles doivent se préparer pour leur week-end à Annecy ! Elles partent dans moins de vingt-quatre heures. Mais le sac est vite préparé : un ou deux pulls, une écharpe, des vêtements de rechange, un livre, des écouteurs, les papiers d'identité, un appareil photo, une trousse de toilette, et voilà !	And Adam, for his part, is asking the same questions. Clara doesn't know it yet, but he's already making travel plans. Speaking of travel, the girls need to get ready for their weekend in Annecy! They leave in less than twenty-four hours. But the bag is quickly packed: one or two sweaters, a scarf, a change of clothes, a book, headphones, identity papers, a camera, a toilet bag, and off you go!
Le jour du départ, après les cours, les deux amies vont déposer Scruffles chez les parents de Céline. Puis	On the day of departure, after school, the two friends drop Scruffles off at Céline's parents' house. Then

Florence les dépose gentiment à la gare, un peu en avance pour leur train. En attendant l'arrivée du train, elles prennent un café et restent à l'abri du vent et de la petite pluie fine. Céline peste contre le mois de novembre, qu'elle déteste. Cela fait rire Clara. Céline est définitivement très drôle quand elle se met à râler. Le train les dépose de nuit au centre-ville d'Annecy.

Les filles s'orientent vers l'hôtel réservé par les parents de Céline. Leur chambre donne sur le lac d'Annecy : c'est tout simplement splendide, même de nuit. Clara a hâte de voir la vue le matin, puis l'après-midi. On peut deviner les montagnes autour du lac, qui se découpent dans le ciel nocturne. Installées dans leur chambre d'hôtel, les copines regardent un plan de la ville pour trouver quelques pubs et restaurants. Elles se dirigent vers le quartier des bistrots. Une rivière traverse la ville et se jette dans le lac. Les quais sont bordés de rues piétonnes chargées de touristes et de badauds affairés à discuter, chercher un café, prendre des photos. Dans la lumière de la ville, les bâtiments historiques paraissent superbes.

Clara est tout simplement émerveillée : elle n'aurait pas pensé trouver un tel bijou si proche de Lyon. Finalement, les deux amies s'installent sur une terrasse chauffée pour prendre un apéritif avant

Florence kindly drops them off at the station, a little early for their train. While waiting for the train to arrive, they have a coffee and stay out of the wind and light rain. Céline complains that she hates November. This makes Clara laugh. Céline is definitely very funny when she starts moaning. The train drops them off at night in downtown Annecy.

The girls head for the hotel booked by Céline's parents. Their room overlooks Lake Annecy: it's simply splendid, even at night. Clara can't wait to see the view in the morning, then again in the afternoon. You can make out the mountains around the lake, silhouetted against the night sky. Settling into their hotel room, the girls look at a city map to find a few pubs and restaurants. They head for the bistro district. A river crosses the city and flows into the lake. The quays are lined with pedestrian streets crowded with tourists and onlookers, chatting, looking for a coffee, taking photos. In the city light, the historic buildings look stunning.

Clara is simply amazed: she never thought she'd find such a jewel so close to Lyon. Finally, the two friends settle down on a heated terrace for an aperitif before choosing their restaurant. They ask the waiter

de choisir leur restaurant. Elles demandent au serveur quels sont ses restaurants préférés. Celui-ci s'avère très sympathique : il leur conseille plusieurs adresses, et finalement, elles décident d'aller manger du poisson du lac dans un petit restaurant un peu chic du centre. Après tout, ce week-end est un cadeau, il faut en profiter !

Installées dans le restaurant, elles prennent un selfie qu'elles envoient aux parents de Céline pour les informer qu'elles sont bien arrivées et qu'elles sont très heureuses. Pour toute réponse, elles reçoivent une photo de Scruffles endormi sur le dos, les quatre pattes en l'air et la langue pendante !

what his favorite restaurants are. He turned out to be very friendly: he recommended several addresses, and in the end, they decided to go for lake fish in a chic little restaurant in the center of town. After all, this weekend is a gift, so let's make the most of it!

Settling into the restaurant, they take a selfie and send it to Céline's parents to let them know they've arrived safely and are very happy. In response, they receive a photo of Scruffles asleep on his back, all four paws in the air and tongue hanging out!

Questions (Chapitre 1)

1. Pourquoi Clara rêve-t-elle d'aller à Antibes ? (Plusieurs réponses possibles)
a) Pour échapper au froid de l'automne
b) Pour rencontrer Adam
c) Pour profiter du soleil et de la plage
d) Pour explorer de nouveaux restaurants et cafés

2. Quand Clara doit-elle repartir aux États-Unis ?
a) À la fin de l'automne
b) Après le Nouvel An
c) Après Noël
d) Avant Thanksgiving

3. Quel document le site Internet conseille-t-il d'avoir pour pouvoir emmener un chien aux États-Unis ?
a) Un passeport pour animaux
b) Un certificat de vaccination
c) Un permis de voyage pour animaux
d) Un certificat de bonne santé

4. Que prévoit de faire Céline concernant le départ de Clara ?
a) Trouver un nouveau colocataire
b) Partir en voyage avec Clara
c) Postuler pour un nouvel emploi
d) Déménager chez ses parents

5. Où se situe la chambre d'hôtel des filles à Annecy ?
a) Au cœur de la montagne
b) Surplombant le lac d'Annecy
c) Dans un quartier animé

Questions (Chapter 1)

1. Why does Clara dream of going to Antibes? (Multiple answers possible)
a) To escape the autumn chill
b) To meet Adam
c) To enjoy the sun and the beach
d) To explore new restaurants and cafes

2. When does Clara have to return to the United States?
a) At the end of autumn
b) After New Year's
c) After Christmas
d) Before Thanksgiving

3. What document does the website recommend getting to bring a dog to the United States?
a) An animal passport
b) A vaccination certificate
c) A travel permit for animals
d) A health certificate

4. What does Céline plan to do regarding Clara's departure?
a) Find a new roommate
b) Go on a trip with Clara
c) Apply for a new job
d) Move in with her parents

5. Where is the girls' hotel room located in Annecy?
a) In the heart of the mountains
b) Overlooking Lake Annecy
c) In a lively neighborhood

d) À proximité des rues piétonnes   d) Near the pedestrian streets

2. Christophe part en rééducation

Quel beau week-end ! **Malgré** la pluie, Céline et Clara ont beaucoup marché. Elles ont acheté un **parapluie** et elles se sont promenées près du lac, dans les petites ruelles de la ville, au marché... Elles ont même marché dans la nature le samedi après-midi. Elles ont fait du stop pour sortir de la ville et se sont rendues sur un **sentier de randonnée** que leur avait conseillé le réceptionniste de leur hôtel. Et alors, quelle chance ! En montant un peu dans la montagne, elles sont passées **au-dessus des** nuages. La vue était fantastique : une véritable mer de nuages s'étendait sous leurs yeux. Elles ont pris leur pique-nique sous le frais soleil de novembre, emmitouflées dans leurs écharpes, profité de cette **accalmie**, se sont promenées dans les **bois**, ont trouvé quelques champignons. Puis elles sont descendues vers la ville et ont dîné dans un excellent petit restaurant savoyard. Fondue aux cèpes, tarte aux myrtilles !

Le dimanche soir, les deux amies ont repris le train vers Lyon. Clara est allée chercher Scruffles chez les parents de Céline, et Céline est allée voir Christophe à l'hôpital. C'est son dernier soir à l'hôpital, le lundi, il sera transféré vers la maison de rééducation. **À présent**, il peut marcher et **bouger** presque normalement. Mais il ne peut pas encore ni courir, ni faire des mouvements **brusques**. Il faut maintenant qu'il se remuscle l'ensemble

du **corps** et qu'il travaille sur les bons mouvements.

La première semaine, Christophe dormira dans l'institut de rééducation. **Ensuite**, il pourra enfin rentrer chez lui et aura seulement quelques rendez-vous chaque semaine pour le travail de rééducation. Céline a vraiment hâte que Christophe puisse rentrer chez lui. Elle a pris ses **clefs** pour aller faire un peu de ménage dans son appartement cette semaine.

Malgré (préposition) : despite, in spite of
Parapluie (m) (nom commun) : umbrella
Sentier de randonnée (m) (nom commun) : hiking trail
Au-dessus de (préposition) : above, over
Accalmie (f) (nom commun) : lull, break
Bois (m) (nom commun) : woods, wood
À présent (locution adverbiale) : now, at present
Bouger (verbe) : to move
Brusque (adjectif) : abrupt, sudden
Corps (m) (nom commun) : body
Ensuite (adverbe) : then, afterwards
Clef (f) (nom commun) : key

La fac reprend normalement, et le travail des filles, Clara avec ses élèves et Céline au musée. Le travail de Céline est passionnant : elle **accueille** des visiteurs et guide des visites. Quand elle n'a pas de visites guidées, elle est amenée à travailler sur les collections du musée : **enregistrement** des collections, recherches ou autres travaux : elle participe à des publications, prenant des photographies, faisant un peu de **mise en page**, travaillant avec des éditeurs... Elle est associée à toutes **sortes** d'activités du musée et elle est ravie de se sentir impliquée. Elle a même du mal à rester concentrée sur son travail universitaire tant elle est passionnée par son job. Elle commence à **se demander** comment elle pourrait, après sa licence, se spécialiser dans un **domaine** qui lui permettrait de travailler proche de ce milieu ou de cette thématique.

Dans le milieu de la semaine, Clara **accompagne** Céline pour rendre visite à Christophe dans sa maison de rééducation. Elle essaye de motiver Valentine à venir avec elles ; **sans succès**, comme depuis deux mois. Valentine reste distante. La visite de Christophe est l'occasion de parler des amies, de la fac, du travail. Au sujet de Valentine, Christophe est très surpris. Comme Céline et Clara, il connaît une Valentine **enjouée**, ouverte et toujours partante pour

aller boire un verre ou faire une promenade. Lui aussi pense qu'il y a un problème **quelque part**. Il s'inquiète même un peu quand Valentine évoque l'existence d'un petit-copain dont elle se cacherait. Christophe encourage les filles à poursuivre leur enquête : il faut savoir ce qui lui arrive !

Et puis, de ne pas savoir pousse à imaginer le pire. Les trois amis envisagent les pires scénarios : un petit-copain violent, ou **drogué**, ou **manipulateur**... Cette discussion motive vraiment Clara à continuer ses recherches. Et puis, elle part dans un mois et demi, et elle voudrait vraiment s'être rapprochée à nouveau de Valentine avant de rentrer dans son pays.

Accueillir (verbe) : to welcome, to greet
Enregistrement (m) (nom commun) : recording
Mise en page (f) (nom commun) : page layout
Sorte (f) (nom commun) : sort, kind
Se demander (verbe pronominal) : to wonder, to ask yourself
Domaine (m) (nom commun) : field, area, sector
Accompagner (verbe) : to accompany
Sans succès (locution adverbiale) : unsuccessfully
Enjoué (adjectif) : cheerful, happy
Quelque part (locution adverbiale) : somewhere
Drogué (m) (nom commun) : drug addict
Manipulateur (m) (nom commun) : manipulator

La rééducation de Christophe se passe très bien : il récupère très vite sa mobilité. Il reste très inquiet **quant à** son retour au travail. Mais les médecins ont l'air de penser qu'après un certain temps, ce sera **envisageable**. Christophe n'est pas un **sportif de haut niveau** : il entraîne les autres. **Dans la mesure où** il reste actif, sportif, et s'il fait bien attention à son corps, à ses mouvements, s'il va voir un médecin du sport régulièrement, il devrait pouvoir continuer à exercer. Bien sûr, il est impossible de l'affirmer **à l'heure actuelle**, mais personne ne semble terriblement inquiet.

Dans la semaine, comme prévu, Céline passe chez Christophe pour **faire le ménage**. Elle change les **draps**, aère bien, récure la salle de bain **de fond en comble**, remplit le frigo et laisse une belle plante verte sur la table du salon. Ainsi, quand il rentrera chez lui, il se sentira bien tout de suite.

De son côté, Clara prend une décision : elle va voir Valentine après les cours un soir de semaine et invente un problème personnel pour la pousser à la

suivre au café. Valentine accepte enfin ! Il faut maintenant que Clara travaille son **mensonge** : elle doit s'inventer un problème personnel pour **entamer** la discussion avec son amie et la **pousser aux aveux**. C'est simple : elle n'a qu'à expliquer qu'elle est très inquiète de quitter la France alors qu'elle est au tout début de sa relation avec Adam ! Ce n'est même pas un mensonge...

Clara espère vraiment que Valentine acceptera de **se livrer** auprès d'elle. Plus le temps passe, plus elle s'inquiète pour son amie, et plus elle a le sentiment qu'elle s'éloigne. Mais cette fois-ci, elle a rendez-vous avec Valentine à la fin de la semaine, dans un café.

Quant à (locution prépositionnel) : as for
Envisageable (adjectif) : conceivable, possible
Sportif de haut niveau (m) (nom commun) : high-level athlete
Dans la mesure où (expression) : as long as
À l'heure actuelle (locution adverbiale) : at this time, currently
Faire le ménage (locution verbale) : to do the cleaning, to tidy up
Drap (m) (nom commun) : sheet
De fond en comble (locution adverbiale) : from top to bottom
Mensonge (m) (nom commun) : lie
Entamer (verbe) : to begin, to start
Pousser aux aveux (expression) : to prompt someone to confess
Se livrer (verbe pronominal) : to open up

Questions (Chapitre 2)

1. Qu'ont fait Céline et Clara le samedi après-midi à Annecy ?
a) Elles ont fait du ski dans les montagnes
b) Elles ont visité les musées de la ville
c) Elles ont fait du shopping dans les boutiques locales
d) Elles ont marché dans la nature et pris un pique-nique

2. Que fait Céline le dimanche soir après être arrivée à Lyon ?
a) Elle cherche Scruffles
b) Elle rentre chez elle
c) Elle rend visite à ses parents
d) Elle rend visite à Christophe à l'hôpital

3. Que fait Céline au musée lorsqu'elle n'a pas de visites guidées ?
a) Elle enseigne des cours d'histoire de l'art
b) Elle travaille sur les collections du musée
c) Elle travaille sur des projets de construction
d) Elle assiste à des réunions administratives

4. Quelle est la principale préoccupation de Christophe concernant son retour au travail ?
a) Sa rééducation
b) Son adaptation à son ancien poste
c) Son inquiétude quant à son état de santé
d) La perspective de reprendre sa vie normale

5. Que fait Céline chez Christophe pour préparer son retour à la maison ? (Plusieurs réponses possibles)
a) Elle remplit le frigo
b) Elle laisse des fleurs dans le salon
c) Elle réorganise son salon
d) Elle fait le ménage

2. Christophe part en rééducation

Quel beau week-end ! Malgré la pluie, Céline et Clara ont beaucoup marché. Elles ont acheté un parapluie et elles se sont promenées près du lac, dans les petites ruelles de la ville, au marché... Elles ont même marché dans la nature le samedi après-midi. Elles ont fait du stop pour sortir de la ville et se sont rendues sur un sentier de randonnée que leur avait conseillé le réceptionniste de leur hôtel. Et alors, quelle chance ! En montant un peu dans la montagne, elles sont passées au-dessus des nuages. La vue était fantastique : une véritable mer de nuages s'étendait sous leurs yeux. Elles ont pris leur pique-nique sous le frais soleil de novembre, emmitouflées dans leurs écharpes, profité de cette accalmie, se sont promenées dans les bois, ont trouvé quelques champignons. Puis elles sont descendues vers la ville et ont dîné dans un excellent petit restaurant savoyard. Fondue aux cèpes, tarte aux myrtilles !

Le dimanche soir, les deux amies ont repris le train vers Lyon. Clara est allée chercher Scruffles chez les parents de Céline, et Céline est allée voir Christophe à l'hôpital. C'est son dernier soir à l'hôpital, le lundi, il sera transféré vers la maison de rééducation. À présent, il peut marcher et bouger presque normalement. Mais il ne peut

2. Christophe goes into rehabilitation

What a great weekend! Despite the rain, Céline and Clara did a lot of walking. They bought an umbrella and went for walks by the lake, through the narrow streets of the town, to the market... They even took a nature walk on Saturday afternoon. They hitchhiked out of town and onto a hiking trail recommended by their hotel receptionist. And then, what luck! Climbing a little way up the mountain, they passed above the clouds. The view was fantastic: a veritable sea of clouds stretched out before their eyes. They had their picnic in the cool November sunshine, wrapped up in their scarves, took advantage of the lull, strolled through the woods and found some mushrooms. Then they headed down to town and dined in an excellent little Savoyard restaurant. Porcini fondue, blueberry tart!

On Sunday evening, the two friends took the train back to Lyon. Clara went to pick up Scruffles from Céline's parents, and Céline went to see Christophe in hospital. This was his last night in hospital, and on Monday he would be transferred to the rehabilitation center. He can now walk and move almost normally. But he still can't run or make any

pas encore ni courir, ni faire des mouvements brusques. Il faut maintenant qu'il se remuscle l'ensemble du corps et qu'il travaille sur les bons mouvements.

La première semaine, Christophe dormira dans l'institut de rééducation. Ensuite, il pourra enfin rentrer chez lui et aura seulement quelques rendez-vous chaque semaine pour le travail de rééducation. Céline a vraiment hâte que Christophe puisse rentrer chez lui. Elle a pris ses clefs pour aller faire un peu de ménage dans son appartement cette semaine.

La fac reprend normalement, et le travail des filles, Clara avec ses élèves et Céline au musée. Le travail de Céline est passionnant : elle accueille des visiteurs et guide des visites. Quand elle n'a pas de visites guidées, elle est amenée à travailler sur les collections du musée : enregistrement des collections, recherches ou autres travaux : elle participe à des publications, prenant des photographies, faisant un peu de mise en page, travaillant avec des éditeurs... Elle est associée à toutes sortes d'activités du musée et elle est ravie de se sentir impliquée. Elle a même du mal à rester concentrée sur son travail universitaire tant elle est passionnée par son job. Elle commence à se demander comment elle pourrait, après sa licence, se spécialiser dans un domaine qui lui

sudden movements. He now needs to remuscitate his whole body and work on the right movements.

For the first week, Christophe will sleep in the rehabilitation institute. Then he'll finally be able to go home, and will only have a few appointments each week for rehabilitation work. Céline is really looking forward to Christophe being able to go home. She's taken his keys to clean up his apartment this week.

College is back to normal, as is the girls' work, Clara with her students and Céline at the museum. Céline's work is fascinating: she welcomes visitors and guides tours. When she's not guiding tours, she's working on the museum's collections: recording the collections, researching or other work: she takes part in publications, taking photographs, doing a bit of layout, working with editors... She's involved in all kinds of museum activities and is delighted to feel involved. She even finds it hard to stay focused on her university work, so passionate is she about her job. She's beginning to wonder how, after her degree, she could specialize in a field that would enable her to work close to this environment or theme.

permettrait de travailler proche de ce milieu ou de cette thématique.

Dans le milieu de la semaine, Clara accompagne Céline pour rendre visite à Christophe dans sa maison de rééducation. Elle essaye de motiver Valentine à venir avec elles ; sans succès, comme depuis deux mois. Valentine reste distante. La visite de Christophe est l'occasion de parler des amies, de la fac, du travail. Au sujet de Valentine, Christophe est très surpris. Comme Céline et Clara, il connaît une Valentine enjouée, ouverte et toujours partante pour aller boire un verre ou faire une promenade. Lui aussi pense qu'il y a un problème quelque part. Il s'inquiète même un peu quand Valentine évoque l'existence d'un petit-copain dont elle se cacherait. Christophe encourage les filles à poursuivre leur enquête : il faut savoir ce qui lui arrive !

Et puis, de ne pas savoir pousse à imaginer le pire. Les trois amis envisagent les pires scénarios : un petit-copain violent, ou drogué, ou manipulateur... Cette discussion motive vraiment Clara à continuer ses recherches. Et puis, elle part dans un mois et demi, et elle voudrait vraiment s'être rapprochée à nouveau de Valentine avant de rentrer dans son pays.

La rééducation de Christophe se passe très bien : il récupère très

In the middle of the week, Clara accompanies Céline to visit Christophe in his rehabilitation home. She tries to motivate Valentine to come with them; to no avail, as she has for the last two months. Valentine remains distant. Christophe's visit is an opportunity to talk about friends, college and work. About Valentine, Christophe is very surprised. Like Céline and Clara, he knows Valentine to be cheerful, open and always up for a drink or a walk. He, too, thinks there's a problem somewhere. He's even a little worried when Valentine mentions the existence of a boyfriend she's been hiding from. Christophe encourages the girls to continue their investigation: they have to find out what's going on with her!

And not knowing leads them to imagine the worst. The three friends consider the worst-case scenarios: a violent boyfriend, or a drug addict, or a manipulator... This discussion really motivates Clara to continue her research. Besides, she's leaving in a month and a half, and she'd really like to be close to Valentine again before returning home.

Christophe's rehabilitation is going very well: he's recovering his mobility

vite sa mobilité. Il reste très inquiet quant à son retour au travail. Mais les médecins ont l'air de penser qu'après un certain temps, ce sera envisageable. Christophe n'est pas un sportif de haut niveau : il entraîne les autres. Dans la mesure où il reste actif, sportif, et s'il fait bien attention à son corps, à ses mouvements, s'il va voir un médecin du sport régulièrement, il devrait pouvoir continuer à exercer. Bien sûr, il est impossible de l'affirmer à l'heure actuelle, mais personne ne semble terriblement inquiet.

Dans la semaine, comme prévu, Céline passe chez Christophe pour faire le ménage. Elle change les draps, aère bien, récure la salle de bain de fond en comble, remplit le frigo et laisse une belle plante verte sur la table du salon. Ainsi, quand il rentrera chez lui, il se sentira bien tout de suite.

De son côté, Clara prend une décision : elle va voir Valentine après les cours un soir de semaine et invente un problème personnel pour la pousser à la suivre au café. Valentine accepte enfin ! Il faut maintenant que Clara travaille son mensonge : elle doit s'inventer un problème personnel pour entamer la discussion avec son amie et la pousser aux aveux. C'est simple : elle n'a qu'à expliquer qu'elle est très inquiète de quitter la France alors qu'elle est au tout début de sa relation avec Adam !

very quickly. He is still very worried about returning to work. But the doctors seem to think that, after a while, it will be possible. Christophe is not a top-level sportsman: he trains others. As long as he remains active and sporty, and if he takes good care of his body and his movements, and goes to see a sports doctor regularly, he should be able to continue working. Of course, it's impossible to say at the moment, but nobody seems terribly worried.

During the week, as planned, Céline comes to Christophe's house to clean. She changes the sheets, gets a good airing in, scrubs the bathroom from top to bottom, fills the fridge and leaves a nice green plant on the living room table. That way, when he gets home, he'll feel good right away.

For her part, Clara makes a decision: she goes to see Valentine after school on a weekday evening and invents a personal problem to get her to follow her to the café. Valentine finally agrees! Now Clara has to work on her lie: she has to invent a personal problem to start a discussion with her friend and get her to confess. It's simple: all she has to do is explain that she's very worried about leaving France when she's at the very beginning of her relationship with Adam! That's not even a lie...

Ce n'est même pas un mensonge...

Clara espère vraiment que Valentine acceptera de se livrer auprès d'elle. Plus le temps passe, plus elle s'inquiète pour son amie, et plus elle a le sentiment qu'elle s'éloigne. Mais cette fois-ci, elle a rendez-vous avec Valentine à la fin de la semaine, dans un café.	Clara really hopes Valentine will open up to her. The more time passes, the more she worries about her friend, and the more she feels she's slipping away. But this time, she has an appointment with Valentine at the end of the week, in a café.

Questions (Chapitre 2)

1. Qu'ont fait Céline et Clara le samedi après-midi à Annecy ?
a) Elles ont fait du ski dans les montagnes
b) Elles ont visité les musées de la ville
c) Elles ont fait du shopping dans les boutiques locales
d) Elles ont marché dans la nature et pris un pique-nique

2. Que fait Céline le dimanche soir après être arrivée à Lyon ?
a) Elle cherche Scruffles
b) Elle rentre chez elle
c) Elle rend visite à ses parents
d) Elle rend visite à Christophe à l'hôpital

3. Que fait Céline au musée lorsqu'elle n'a pas de visites guidées ?
a) Elle enseigne des cours d'histoire de l'art
b) Elle travaille sur les collections du musée
c) Elle travaille sur des projets de construction
d) Elle assiste à des réunions administratives

4. Quelle est la principale préoccupation de Christophe concernant son retour au travail ?
a) Sa rééducation
b) Son adaptation à son ancien poste
c) Son inquiétude quant à son état de santé

Questions (Chapter 2)

1. What did Céline and Clara do on Saturday afternoon in Annecy?
a) They went skiing in the mountains
b) They visited the city's museums
c) They went shopping in local boutiques
d) They walked in nature and had a picnic

2. What does Céline do on Sunday evening after arriving in Lyon?
a) She looks for Scruffles
b) She goes home
c) She visits her parents
d) She visits Christophe at the hospital

3. What does Céline do at the museum when she doesn't have guided tours?
a) She teaches art history classes
b) She works on the museum's collections
c) She works on construction projects
d) She attends administrative meetings

4. What is Christophe's main concern regarding his return to work?
a) His rehabilitation
b) His adaptation to his old position
c) His concern about his health
d) The prospect of returning to his

d) La perspective de reprendre sa vie normale	normal life
5. Que fait Céline chez Christophe pour préparer son retour à la maison ? (Plusieurs réponses possibles) a) Elle remplit le frigo b) Elle laisse des fleurs dans le salon c) Elle réorganise son salon d) Elle fait le ménage	**5. What does Céline do at Christophe's place to prepare for his return home? (Multiple answers possible)** a) She fills the fridge b) She leaves flowers in the living room c) She rearranges his living room d) She does the cleaning

3. Le mystère de Valentine élucidé

Clara attend Valentine au café Rosa, pas très loin de la faculté. C'est un rendez-vous **incontournable** pour les étudiants. On y assiste à des concerts, des projections de **cinéma d'auteur**, on peut y participer à des soirées débats sur la politique, le féminisme ou le racisme. C'est un café « typiquement Lyon 2, » diraient les étudiants d'autres universités : très orienté à gauche, **écolo**, engagé. Clara adore l'ambiance là-bas : c'est chaleureux, la musique est bonne et variée. On n'entend pas les mêmes musiques que l'on entend partout ailleurs. Il y a toujours de la lecture, des gens qui jouent aux échecs... Même les professeurs viennent y boire leur café de temps en temps. Valentine arrive avec un petit quart d'heure de retard :

« Désolée ma belle, j'ai couru, mon TD s'est terminé un peu plus tard, dit-elle pour s'excuser en arrivant.

- **Pas de soucis**, on n'est pas pressées : c'est vendredi soir ! répond Clara, heureuse de voir son amie.

- Ah oui, on n'est pas pressées, bien sûr, répète Valentine, l'air visiblement **embarrassé**.

- Quoi, tu as quelque chose de prévu ? demande Clara, qui s'est aperçue de l'air gêné de Valentine.

- Oui, enfin non, c'est pas urgent. Je retrouve quelqu'un après mais j'ai le temps, t'inquiète pas, répond Valentine. Bon, on boit quoi ? Tu prends une bière, un café ? »

Clara est un peu déçue ; elle qui pensait passer la soirée entre copines... Elle comprend que Valentine est encore trop occupée ailleurs pour vraiment passer du temps avec elle. Mais elle ne va rien **lâcher** : il faut qu'elle sache ce qui anime Valentine avant la fin de la soirée, **coûte que coûte**.

Les deux amies commandent chacune une bière **artisanale**. Puis elles commencent à papoter. Pour ne pas brusquer Valentine, Clara ne pose pas de questions trop directes, préférant parler d'autre chose au début. Elle donne des nouvelles de la rééducation de Christophe, parle un peu des cours à la fac, donne quelques nouvelles sur Constance et sur Max, puis elle **se confie** sur ses **inquiétudes**, son départ pour les États-Unis qui **approche à grands pas**... Valentine écoute et pose des questions, mais reste très réservée quant à elle-même. Mais la bière aidant, au bout d'une petite heure, Clara **lâche** enfin **le morceau** :

Incontournable (adjectif) : unavoidable, essential
Cinéma d'auteur (m) (nom commun) : auteur cinema, arthouse cinema
Écolo (adjectif) : eco-friendly, green
Pas de soucis (expression) : no worries
Embarrassé (adjectif) : annoyed, discomforted
Lâcher (verbe) : to let go, to drop
Coûte que coûte (expression) : at all costs
Artisanal (adjectif) : handmade, artisanal
Se confier (verbe pronominal) : to tell, to confide, to open up
Inquiétude (f) (nom commun) : worry, concern
Approcher à grands pas (locution verbale) : to approach rapidly
Lâcher le morceau (locution verbale) : to spill the beans

« C'était quoi cette réponse l'autre jour, quand je t'ai demandé si tu avais un **mec** ? demande-t-elle.

- **Comment ça**, quelle réponse ? s'étonne Valentine.

- Bah, tu sais, tu m'as dit un truc vague. Je ne me souviens pas exactement mais c'était du **genre** : « oui, non, enfin pas vraiment, » dit Clara. Ça te dit rien ? C'est quand même bizarre comme réponse, en général c'est oui ou c'est non !

- Ah, oui, **ben**, non alors, répond Valentine, un peu **embêtée**.

- Tu ne changes pas de discours, **c'est fou** ! s'exclame Clara. Arrête un peu Valentine, tout le monde voit que quelque chose se passe de ton côté, mais tu te caches ! Tu sais que tu peux me dire la **vérité**, je ne vais pas te manger ! Et j'espère que tu sais que tu peux me faire confiance, non ?

- Oh, Clara, répond alors Valentine, des larmes dans les yeux. Tu m'en veux, **n'est-ce pas ?** Je suis désolée. Je ne peux pas vraiment en parler, c'est compliqué.

- Quoi, compliqué comment ? insiste Clara. Dis, je me suis même demandé si tu ne serais pas avec Max !

- Ah non, pas avec Max, **s'écrie** Valentine.

- Bon, pas avec Max, mais tu vois, il y a quelqu'un ! continue Clara. Allez, dis-moi. Tu n'as pas l'air bien...

- Écoute, c'est difficile. Il est **marié**, voilà, lâche alors Valentine dans un souffle. »

Clara manque de faire tomber son verre. Un **bref** silence se fait autour de la table. Valentine regarde Clara comme pour chercher son **approbation**, mais celle-ci est juste trop surprise pour **porter un jugement**, qu'il soit positif ou négatif. Il lui faut quelques secondes avant de reprendre la conversation.

Mec (m) (nom commun) : guy, dude
Comment ça ? (expression) : what do you mean?
Genre (m) (nom commun) : type, sort
Ben (adverbe) : well, of course
Embêté (adjectif) : bothered, annoyed
C'est fou (expression) : it's crazy, it's insane
Vérité (f) (nom commun) : truth
N'est-ce pas ? (adverbe) : aren't you? (in this context)

S'écrier (verbe pronominal) : to exclaim, to cry out
Marié (adjectif) : married
Bref (adverbe) : in short, briefly
Approbation (f) (nom commun) : approval, agreement
Porter un jugement (expression) : to pass judgment

« Oh, ok, d'accord. Marié, c'est ça ? Ah, je comprends, enfin non, **bégaie**-t-elle. Mais il a quel âge, il est beaucoup plus âgé que toi ? Il a des enfants ? C'est qui, tu l'as rencontré comment ?

- Tu l'as déjà rencontré, Clara, répond Valentine, qui commence à se livrer. Non, il n'est pas beaucoup plus âgé. Mais il a **quelqu'un**, et il s'est marié récemment.

- Attends, je l'ai déjà rencontré ? Clara réfléchit. C'est… C'est Valentin ? Le mec qui était chez toi pour la soirée, celui qui avait parlé de sa copine avec Céline ?

- Oui, voilà, c'est lui, dit Valentine, **honteusement**. Il est avec elle, ils sont mariés, mais il **est amoureux de** moi.

- Eh, Valentine, il n'est pas marié avec toi, rétorque Clara. Ce que tu fais, là, c'est **mauvais** et pour l'autre fille, et pour toi !

- Tu vois, c'est exactement pour ça que je ne voulais pas t'en parler, réplique Valentine, les larmes aux yeux. Bon, **de toute façon**, j'ai rendez-vous. Allez, ciao ! »

Valentine se lève pour aller payer et **quitter** la salle, sous les yeux effarés de Clara, qui essaie de la rattraper avant qu'elle parte : « Attends, Valentine, attends, excuse-moi, pardon, je ne voulais pas. Je comprends, ne pars pas tout de suite, je ne veux pas te juger ! » Elle parvient à convaincre son amie de rester pour une deuxième bière. Après s'être beaucoup excusée, Clara écoute son amie lui parler de son histoire. Valentin était déjà fiancé quand ils se sont rencontrés. Il ne voulait pas être **infidèle**, et puis il est tombé amoureux, et après il a eu peur de **blesser** sa fiancée.

« Classique ! lance Clara. Comportement **lâche**, typiquement masculin !

- Je ne peux pas vraiment dire **le contraire**, poursuit Valentine. Je ne sais pas

si c'est classique, mais c'est très lâche. Mais moi, je ne suis pas mieux : j'aurais dû dire non, mais maintenant je suis emportée par mon histoire. Et je crois que je suis très amoureuse. »

Quelle histoire... Clara se dit qu'elle aurait préféré que Valentine sorte avec Max. Le voilà, le secret de Valentine. Et c'est une histoire bien compliquée, en effet... En rentrant chez elle, un peu plus tard, elle fait le **choix** d'en parler à Céline. Rien qu'à Céline. C'est un secret trop lourd à porter, et aussi, c'est une situation trop inquiétante pour Valentine.

Bégayer (verbe) : to stutter, to stammer
Quelqu'un (pronom indéfini) : someone, somebody
Honteusement (adverbe) : shamefully, disgracefully
Être amoureux de (locution verbale) : to be in love with [sb]
Mauvais (adjectif) : bad, wrong, incorrect
De toute façon (locution adverbiale) : anyway, anyhow
Quitter (verbe) : to leave
Infidèle (adjectif) : unfaithful
Blesser (verbe) : to hurt
Lâche (adjectif) : cowardly, weak
Le contraire (m) (nom commun) : the opposite
Choix (m) (nom commun) : choice, decision

Questions (Chapitre 3)

1. Pourquoi Clara apprécie-t-elle l'ambiance au café Rosa ? (Plusieurs réponses possibles)
a) Il propose des concerts et des projections de cinéma d'auteur
b) Il est très orienté à droite, écolo et engagé
c) Il est un lieu de rencontre pour les étudiants
d) Il offre une ambiance chaleureuse avec de la musique variée

2. Pourquoi Clara est-elle déçue lorsque Valentine arrive ?
a) Parce que Valentine est en retard
b) Parce que Valentine est pressée de partir
c) Parce que Valentine est embarrassée
d) Parce que Valentine doit retrouver quelqu'un après

3. Comment réagit Clara lorsque Valentine lui révèle que l'homme est marié ?
a) Elle exprime son désaccord
b) Elle comprend immédiatement
c) Elle reste silencieuse de surprise
d) Elle accuse Valentine de mentir

4. Qui est Valentin dans l'histoire ?
a) Le mari de Valentine
b) L'homme avec qui Valentine sort
c) Le petit ami de Clara
d) L'ami de Céline

5. Pourquoi Clara trouve-t-elle le comportement de Valentin lâche ?
a) Parce qu'il est déjà fiancé lorsqu'il commence à fréquenter Valentine
b) Parce qu'il est amoureux de Valentine mais ne quitte pas sa femme
c) Parce qu'il ment à Valentine sur sa situation familiale
d) Parce qu'il essaie de justifier son comportement

3. Le mystère de Valentine élucidé

3. The mystery of Valentine solved

Clara attend Valentine au café Rosa, pas très loin de la faculté. C'est un rendez-vous incontournable pour les étudiants. On y assiste à des concerts, des projections de cinéma d'auteur, on peut y participer à des soirées débats sur la politique, le féminisme ou le racisme. C'est un café « typiquement Lyon 2, » diraient les étudiants d'autres universités : très orienté à gauche, écolo, engagé. Clara adore l'ambiance là-bas : c'est chaleureux, la musique est bonne et variée. On n'entend pas les mêmes musiques que l'on entend partout ailleurs. Il y a toujours de la lecture, des gens qui jouent aux échecs... Même les professeurs viennent y boire leur café de temps en temps. Valentine arrive avec un petit quart d'heure de retard :

Clara is waiting for Valentine at Café Rosa, not far from the faculty. It's a not-to-be-missed meeting place for students. It's the place to go for concerts, auteur film screenings and evening debates on politics, feminism and racism. It's a café that's "typically Lyon 2," as students at other universities would say: very left-leaning, green and committed. Clara loves the atmosphere there: it's warm, the music is good and varied. You don't hear the same music you hear everywhere else. There's always reading, people playing chess... Even the teachers come in for coffee from time to time. Valentine arrives a quarter of an hour late:

« Désolée ma belle, j'ai couru, mon TD s'est terminé un peu plus tard, dit-elle pour s'excuser en arrivant.

"Sorry darling, I had to run, my tutorial finished a little late, she says apologetically as she arrives.

- Pas de soucis, on n'est pas pressées : c'est vendredi soir ! répond Clara, heureuse de voir son amie.

- Don't worry, we're in no hurry: it's Friday night! replies Clara, happy to see her friend.

- Ah oui, on n'est pas pressées, bien sûr, répète Valentine, l'air visiblement embarrassé.

- Oh yes, we're in no hurry, of course, repeats Valentine, looking visibly embarrassed.

- Quoi, tu as quelque chose de prévu ? demande Clara, qui s'est aperçue de

- What, do you have plans? asks Clara, who has noticed Valentine's

l'air gêné de Valentine.

- Oui, enfin non, c'est pas urgent. Je retrouve quelqu'un après mais j'ai le temps, t'inquiète pas, répond Valentine. Bon, on boit quoi ? Tu prends une bière, un café ? »

Clara est un peu déçue ; elle qui pensait passer la soirée entre copines... Elle comprend que Valentine est encore trop occupée ailleurs pour vraiment passer du temps avec elle. Mais elle ne va rien lâcher : il faut qu'elle sache ce qui anime Valentine avant la fin de la soirée, coûte que coûte.

Les deux amies commandent chacune une bière artisanale. Puis elles commencent à papoter. Pour ne pas brusquer Valentine, Clara ne pose pas de questions trop directes, préférant parler d'autre chose au début. Elle donne des nouvelles de la rééducation de Christophe, parle un peu des cours à la fac, donne quelques nouvelles sur Constance et sur Max, puis elle se confie sur ses inquiétudes, son départ pour les États-Unis qui approche à grands pas... Valentine écoute et pose des questions, mais reste très réservée quant à elle-même. Mais la bière aidant, au bout d'une petite heure, Clara lâche enfin le morceau :

« C'était quoi cette réponse l'autre jour, quand je t'ai demandé si tu avais un mec ? demande-t-elle.

- Comment ça, quelle réponse ? s'étonne Valentine.

- Bah, tu sais, tu m'as dit un truc vague. Je ne me souviens pas exactement mais c'était du genre : « oui, non, enfin pas vraiment, » dit Clara. Ça te dit rien ? C'est quand même bizarre comme réponse, en général c'est oui ou c'est non !

- Ah, oui, ben, non alors, répond Valentine, un peu embêtée.

- Tu ne changes pas de discours, c'est fou ! s'exclame Clara. Arrête un peu Valentine, tout le monde voit que quelque chose se passe de ton côté, mais tu te caches ! Tu sais que tu peux me dire la vérité, je ne vais pas te manger ! Et j'espère que tu sais que tu peux me faire confiance, non ?

- Oh, Clara, répond alors Valentine, des larmes dans les yeux. Tu m'en veux, n'est-ce pas ? Je suis désolée. Je ne peux pas vraiment en parler, c'est compliqué.

- Quoi, compliqué comment ? insiste Clara. Dis, je me suis même demandé si tu ne serais pas avec Max !

- Ah non, pas avec Max, s'écrie Valentine.

- Bon, pas avec Max, mais tu vois, il y a quelqu'un ! continue Clara. Allez, dis-moi. Tu n'as pas l'air bien...

- What do you mean, what answer? astonishes Valentine.

- Well, you know, you said something vague. I don't remember exactly, but it was something like: "Yes, no, well not really," says Clara. Doesn't that mean anything to you? It's a strange answer, it's usually yes yes or no no!

- Ah, yes, well, no then, replies Valentine, a little annoyed.

- You never change your tune, it's crazy! exclaims Clara. Stop a little Valentine, all the world sees that something passes by your side, but you hide it! You know you can tell me the truth, I'm not going to eat you! And I hope you know you can trust me, don't you?

- Oh, Clara, replies Valentine, tears welling up in her eyes. You're mad at me, aren't you? I'm sorry, Clara. I can't really talk about it, it's complicated.

- How complicated? Clara insists. Say, I even wondered if you'd be with Max!

- Oh no, not with Max, exclaims Valentine.

- Well, not with Max, but you see, there is someone! continues Clara. Come on, tell me. You don't look well...

- Écoute, c'est difficile. Il est marié, voilà, lâche alors Valentine dans un souffle. »

Clara manque de faire tomber son verre. Un bref silence se fait autour de la table. Valentine regarde Clara comme pour chercher son approbation, mais celle-ci est juste trop surprise pour porter un jugement, qu'il soit positif ou négatif. Il lui faut quelques secondes avant de reprendre la conversation.

« Oh, ok, d'accord. Marié, c'est ça ? Ah, je comprends, enfin non, bégaie-t-elle. Mais il a quel âge, il est beaucoup plus âgé que toi ? Il a des enfants ? C'est qui, tu l'as rencontré comment ?

- Tu l'as déjà rencontré, Clara, répond Valentine, qui commence à se livrer. Non, il n'est pas beaucoup plus âgé. Mais il a quelqu'un, et il s'est marié récemment.

- Attends, je l'ai déjà rencontré ? Clara réfléchit. C'est… C'est Valentin ? Le mec qui était chez toi pour la soirée, celui qui avait parlé de sa copine avec Céline ?

- Oui, voilà, c'est lui, dit Valentine, honteusement. Il est avec elle, ils sont mariés, mais il est amoureux de moi.

- Eh, Valentine, il n'est pas marié avec toi, rétorque Clara. Ce que tu fais, là, c'est mauvais et pour l'autre fille, et

- Look, it's difficult. He's married, that's all, says Valentine in a breath."

Clara almost drops her glass. There's a brief silence around the table. Valentine looks at Clara as if seeking her approval, but she's just too surprised to make any judgment, positive or negative. It takes her a few seconds before she resumes the conversation.

"Oh, okay, right. Married, right? Ah, I understand, well no, she stammers. But how old is he, much older than you? Does he have any kids? Who is he? How did you meet him?

- You've already met him, Clara, replies Valentine, starting to open up. No, he's not much older. But he has someone, and he got married recently.

- Wait, I've already met him? Clara thinks. Is it… is it Valentin? The guy who was at your place for the party, the one who talked to Céline about his girlfriend?

- Yes, that's him, says Valentine, ashamed. He's with her, they're married, but he's in love with me.

- Hey, Valentine, he's not married to you, retorts Clara. What you're doing right now is bad for the other girl

pour toi !

- Tu vois, c'est exactement pour ça que je ne voulais pas t'en parler, réplique Valentine, les larmes aux yeux. Bon, de toute façon, j'ai rendez-vous. Allez, ciao ! »

Valentine se lève pour aller payer et quitter la salle, sous les yeux effarés de Clara, qui essaie de la rattraper avant qu'elle parte : « Attends, Valentine, attends, excuse-moi, pardon, je ne voulais pas. Je comprends, ne pars pas tout de suite, je ne veux pas te juger ! » Elle parvient à convaincre son amie de rester pour une deuxième bière. Après s'être beaucoup excusée, Clara écoute son amie lui parler de son histoire. Valentin était déjà fiancé quand ils se sont rencontrés. Il ne voulait pas être infidèle, et puis il est tombé amoureux, et après il a eu peur de blesser sa fiancée.

« Classique ! lance Clara. Comportement lâche, typiquement masculin !

- Je ne peux pas vraiment dire le contraire, poursuit Valentine. Je ne sais pas si c'est classique, mais c'est très lâche. Mais moi, je ne suis pas mieux : j'aurais dû dire non, mais maintenant je suis emportée par mon histoire. Et je crois que je suis très amoureuse. »

Quelle histoire... Clara se dit qu'elle aurait préféré que Valentine sorte

and bad for you!

- You see, this is exactly why I didn't want to tell you, replies Valentine, tears welling up in her eyes. Well, anyway, I've got an appointment. Ciao!"

Valentine gets up to pay and leave the room, before Clara's appalled eyes, who tries to catch her before she leaves: "Wait, Valentine, wait, excuse me, sorry, I didn't mean to. I understand, don't go just yet, I don't want to judge you!" She manages to convince her friend to stay for a second beer. After apologizing profusely, Clara listens to her friend tell her story. Valentin was already engaged when they met. He didn't want to be unfaithful, and then he fell in love, and then he was afraid of hurting his fiancée.

"Classic! says Clara. Typical male cowardice!

- I can't really say otherwise, continues Valentine. I don't know if it's classic, but it's very cowardly. But I'm no better: I should have said no, but now I'm carried away by my story. And I think I'm very much in love."

What a story... Clara tells herself she almost wishes Valentine had gone

avec Max. Le voilà, le secret de Valentine. Et c'est une histoire bien compliquée, en effet... En rentrant chez elle, un peu plus tard, elle fait le choix d'en parler à Céline. Rien qu'à Céline. C'est un secret trop lourd à porter, et aussi, c'est une situation trop inquiétante pour Valentine.

out with Max. Here it is, Valentine's secret. And it's a very complicated story indeed... On her way home a little later, she decides to tell Céline. Only to Céline. It's too heavy a secret to bear, and too worrying a situation for Valentine.

Questions (Chapitre 3)

1. Pourquoi Clara apprécie-t-elle l'ambiance au café Rosa ? (Plusieurs réponses possibles)
a) Il propose des concerts et des projections de cinéma d'auteur
b) Il est très orienté à droite, écolo et engagé
c) Il est un lieu de rencontre pour les étudiants
d) Il offre une ambiance chaleureuse avec de la musique variée

2. Pourquoi Clara est-elle déçue lorsque Valentine arrive ?
a) Parce que Valentine est en retard
b) Parce que Valentine est pressée de partir
c) Parce que Valentine est embarrassée
d) Parce que Valentine doit retrouver quelqu'un après

3. Comment réagit Clara lorsque Valentine lui révèle que l'homme est marié ?
a) Elle exprime son désaccord
b) Elle comprend immédiatement
c) Elle reste silencieuse de surprise
d) Elle accuse Valentine de mentir

4. Qui est Valentin dans l'histoire ?
a) Le mari de Valentine
b) L'homme avec qui Valentine sort
c) Le petit ami de Clara
d) L'ami de Céline

5. Pourquoi Clara trouve-t-elle le comportement de Valentin lâche ?

Questions (Chapter 3)

1. Why does Clara appreciate the atmosphere at Café Rosa? (Multiple answers possible)
a) It offers concerts and screenings of art-house films
b) It is very right-wing, eco-friendly, and engaged
c) It is a meeting place for students
d) It provides a warm atmosphere with varied music

2. Why is Clara disappointed when Valentine arrives?
a) Because Valentine is late
b) Because Valentine is in a hurry to leave
c) Because Valentine is embarrassed
d) Because Valentine has to meet someone afterwards

3. How does Clara react when Valentine reveals to her that the man is married?
a) She expresses her disagreement
b) She immediately understands
c) She remains silent in surprise
d) She accuses Valentine of lying

4. Who is Valentin in the story?
a) Valentine's husband
b) The man Valentine is seeing
c) Clara's boyfriend
d) Céline's friend

5. Why does Clara find Valentin's behavior cowardly?

a) Parce qu'il est déjà fiancé lorsqu'il commence à fréquenter Valentine
b) Parce qu'il est amoureux de Valentine mais ne quitte pas sa femme
c) Parce qu'il ment à Valentine sur sa situation familiale
d) Parce qu'il essaie de justifier son comportement

a) Because he is already engaged when he starts seeing Valentine
b) Because he is in love with Valentine but doesn't leave his wife
c) Because he lies to Valentine about his family situation
d) Because he tries to justify his behavior

4. Préparatifs de la fin du séjour de Clara

Durant le week-end, Clara trouve donc un moment dans l'emploi du temps de plus en plus chargé de Céline pour discuter. Après avoir sorti le chien, Clara va chercher quelques croissants et chaussons aux pommes, rentre à l'appartement de la rue Duviard et se remet en pyjama pour un peu plus de confort. Céline se réveille seulement. Toujours en pyjama, elle descend dans la cuisine pour faire couler un café noir. Puis elles s'installent confortablement avec quelques **couvertures** autour de la table basse du salon. Il fait de plus en plus frais et il commence à être agréable de **s'emmitoufler**.

C'est le moment que Clara choisit pour adresser à Céline ses inquiétudes quant à Valentine. À l'annonce de la nouvelle, Céline est sous le choc. Bien sûr, elle se souvient de ce Valentin, croisé quelques fois **seulement**, qui avait évoqué avec elle une petite amie. Elle se souvient aussi que Valentine le trouvait peu disponible... Alors, bien sûr, elle se serait attendue à tout, **sauf** à ça.

Elle jure de **garder le secret**. Seulement, elle sait aussi que quand Clara sera repartie, il va falloir se rapprocher de Valentine si elle veut **s'assurer** que tout va bien. Elle a conscience que ce ne sont pas ses affaires... Mais elle ne

peut pas s'empêcher d'être inquiète pour Valentine. Que va-t-il se passer si la femme de Valentin l'apprend ? Et si Valentine **se coupe** de plus en plus de ses amis, ne risque-t-elle pas de se retrouver isolée quand ils se sépareront ? Et si elle a un problème, à qui elle va en parler, si c'est un secret ? Et puis, est-ce qu'on est bien sûr que c'est un mec bien ?

La **solidarité** féminine devient le centre de la conversation. **Soudain**, Céline a une idée : et si elle proposait à Valentine de venir vivre en colocation avec elle après le départ de Clara ? Son appartement est très chouette, mais c'est beaucoup plus cher d'habiter seule qu'à deux. Et si elles vivent ensemble, Valentine se confiera peut-être plus **facilement**, et sera moins **isolée**.

Durant (préposition) : during
Couverture (f) (nom commun) : blanket
S'emmitoufler (verbe pronominal) : to bundle up
Seulement (adverbe) : only
Sauf (préposition) : except, but
Garder un secret (locution verbale) : to keep a secret
S'assurer (verbe pronominal) : to make sure, to ensure
Se couper (verbe pronominal) : to cut yourself off
Solidarité (f) (nom commun) : solidarity
Soudain (adverbe) : suddenly
Facilement (adverbe) : easily
Isolé (adjectif) : isolated

Elle se promet de lui en faire la proposition dans la semaine. En attendant, il y a d'autres choses à **prévoir** ! Céline **rédige** quand même une annonce pour une recherche de colocataire, puisqu'elle est **à peu près** persuadée que Valentine refusera. Clara, quant à elle, doit prendre rendez-vous chez le vétérinaire pour les papiers de Scruffles. Enfin, elle voudrait voir avec Adam si elle peut descendre passer quelques jours à Antibes avant de partir. Et pour finir, toutes les deux commencent à avoir beaucoup de travail, entre leurs jobs respectifs et la fac. Elles se réservent une grande partie de l'après-midi pour étudier ensemble.

« Tiens, regarde, dit Céline, quand elle a fini de rédiger son annonce. Lis ça : Charmant petit appartement, plateau de la Croix-Rousse, derrière mairie, type Canut, 4 mètres de plafond, 2 chambres sur mezzanine, cuisine équipée, vue sur cours, calme, lumineux et agréable. Cherche colocataire, genre indifférent, sociable, étudiant de préférence, studieux mais pas trop,

propre, organisé et **sympa**. T'en penses quoi, Clara ?

- Oh, c'est bien. Un peu stéréotypé, non ? Un peu froid, tu ne crois pas ? répond Clara. Évidemment que tu ne cherches pas un coloc **bordélique**, sale, associable, vieux et stupide pour un appartement bruyant, **moche** et mal situé...

Céline éclate de rire.

- Oui, bon, c'est vrai, ce sont des évidences. Tu sais quoi, je vais écrire deux annonces : une pour une coloc **affreuse** et celle-ci. On verra si j'ai des **appels** pour les deux ! »

Céline se met donc en marche pour écrire une seconde annonce qui, bien qu'ironique, se veut de style sérieux : « Cherche colocataire pour appartement au rez-de-chaussée sur route d'un immeuble années 70, dans le quartier des prisons, proche gare. Appartement bruyant mais sécurisé. Peu de fenêtres : sensible au manque de lumière, **s'abstenir**. Cuisine petite mais fonctionnelle, toilettes sur le **palier**, douche d'époque mais fonctionne. **De préférence** pour une personne supportant les mauvaises odeurs, le désordre, voire le chaos. Alcooliques bienvenus. Âge indifférent. » Clara rit aux larmes en lisant l'annonce. Céline envoie sur le même site Internet les deux annonces, en riant. Puis elle se lance dans son travail.

Prévoir (verbe) : to plan, to organize
Rédiger (verbe) : to write
À peu près (locution adverbiale) : around, about
Propre (adjectif) : clean
Sympa (adjectif) : nice, friendly
Bordélique (adjectif) : messy, chaotic
Moche (adjectif) : ugly
Affreux (adjectif) : awful
Appel (m) (nom commun) : call, phone call
S'abstenir (verbe pronominal) : to abstain, to refrain from doing [sth]
Palier (m) (nom commun) : landing
De préférence (locution adverbiale) : preferably, ideally

Pendant ce temps, Clara a pris contact avec le vétérinaire. Le rendez-vous est pris ! Scruffles **devrait** être équipé dans la semaine qui vient d'un passeport européen valide pour voyager aux États-Unis **sans** quarantaine. Il ne le sait

pas encore, mais ce petit chien va traverser les océans très bientôt !

Il ne lui reste plus à Clara qu'à **envoyer** un message à Adam pour un **week-end prolongé** à Antibes… Mais c'est cela qui l'inquiète le plus : elle a peur qu'il refuse, ou qu'il soit occupé. **Peur** que ce ne soit pas une bonne idée, peur qu'il vaille mieux en rester là, peur d'être trop triste ou peur que ce ne soit pas aussi bien qu'elle le voudrait. Elle se décide quand même à lui écrire.

La réponse est sans appel et immédiate : c'est un oui, **franc** et massif. « Viens, ma chérie ! J'adorerais que tu viennes. Je pensais aussi essayer de **monter** à Lyon pour Noël, pour te revoir une dernière fois encore. **N'importe quand**, viens, dis-moi et on **partage** le prix du billet de train ! » Bon, elle peut **rayer** une partie de ses inquiétudes. Et elle décide de partir dès la semaine prochaine, pendant la semaine de vacances de novembre. « Décidément, les Français ont tout le temps des vacances, » se dit-elle.

Devoir (verbe) : to have to, must
Sans (préposition) : without
Envoyer (verbe) : to send
Week-end prolongé (m) (nom commun) : extended weekend
Peur (f) (nom commun) : fear
Franc (adjectif) : frank, direct
Monter (verbe) : to go up
N'importe quand (locution adverbiale) : anytime, at any moment
Partager (verbe) : to share, to split
Rayer (verbe) : to cross [sth] out

Questions (Chapitre 4)

1. Quelle est la réaction de Céline lorsqu'elle entend parler de la situation de Valentine ?
a) Elle est surprise
b) Elle est en colère
c) Elle est sous le choc
d) Elle est indifférente

2. Quelle est la proposition de Céline concernant Valentine ?
a) Elle propose de garder le secret
b) Elle suggère d'éviter Valentine
c) Elle suggère d'inviter Valentine à vivre en colocation avec elle
d) Elle recommande à Clara de ne plus voir Valentine

3. Pourquoi Céline rédige-t-elle une annonce pour chercher un colocataire ?
a) Parce qu'elle ne veut pas partager son appartement avec Valentine
b) Parce qu'elle pense que Valentine refusera sa proposition
c) Parce qu'elle cherche à déménager dans un nouvel appartement
d) Parce qu'elle souhaite rencontrer de nouvelles personnes

4. Comment Clara réagit-elle à la première annonce écrite par Céline ?
a) Elle la trouve stéréotypée et un peu froide
b) Elle la trouve très originale et amusante
c) Elle la trouve très sérieuse et professionnelle
d) Elle la trouve désespérée et peu attrayante

5. Quel est le prochain projet de voyage de Clara ?
a) Un week-end prolongé à Antibes avec Adam
b) Une visite à Annecy pour Noël
c) Son départ avec Scruffles aux États-Unis
d) Une escapade à Paris pour les vacances de novembre

4. Préparatifs de la fin du séjour de Clara

Durant le week-end, Clara trouve donc un moment dans l'emploi du temps de plus en plus chargé de Céline pour discuter. Après avoir sorti le chien, Clara va chercher quelques croissants et chaussons aux pommes, rentre à l'appartement de la rue Duviard et se remet en pyjama pour un peu plus de confort. Céline se réveille seulement. Toujours en pyjama, elle descend dans la cuisine pour faire couler un café noir. Puis elles s'installent confortablement avec quelques couvertures autour de la table basse du salon. Il fait de plus en plus frais et il commence à être agréable de s'emmitoufler.

C'est le moment que Clara choisit pour adresser à Céline ses inquiétudes quant à Valentine. À l'annonce de la nouvelle, Céline est sous le choc. Bien sûr, elle se souvient de ce Valentin, croisé quelques fois seulement, qui avait évoqué avec elle une petite amie. Elle se souvient aussi que Valentine le trouvait peu disponible… Alors, bien sûr, elle se serait attendue à tout, sauf à ça.

Elle jure de garder le secret. Seulement, elle sait aussi que quand Clara sera repartie, il va falloir se rapprocher de Valentine si elle veut s'assurer que tout va bien. Elle a conscience que ce ne sont pas ses affaires… Mais elle ne peut pas

4. Preparing for the end of Clara's trip

Over the weekend, Clara finds a moment in Céline's increasingly busy schedule to chat. After taking the dog out, Clara fetches some croissants and apple turnovers, returns to the rue Duviard apartment and puts on her pyjamas for a little more comfort. Céline only wakes up. Still in her pyjamas, she goes down to the kitchen to make a cup of black coffee. Then they settle down comfortably with a few blankets around the coffee table in the living room. It's getting cooler and cooler, and it's starting to feel good to bundle up.

This is the moment Clara chooses to tell Céline about her concerns regarding Valentine. Céline is shocked to hear the news. Of course, she remembers that Valentine, whom she'd only met a few times, had mentioned a girlfriend to her. She also remembers that Valentine found him unavailable… So, of course, she would have expected anything but this.

She's sworn to secrecy. But she also knows that when Clara leaves, she'll have to get close to Valentine if she wants to make sure everything's okay. She knows it's none of her business… But she can't help worrying about Valentine. What will happen if

s'empêcher d'être inquiète pour Valentine. Que va-t-il se passer si la femme de Valentin l'apprend ? Et si Valentine se coupe de plus en plus de ses amis, ne risque-t-elle pas de se retrouver isolée quand ils se sépareront ? Et si elle a un problème, à qui elle va en parler, si c'est un secret? Et puis, est-ce qu'on est bien sûr que c'est un mec bien ?

La solidarité féminine devient le centre de la conversation. Soudain, Céline a une idée : et si elle proposait à Valentine de venir vivre en colocation avec elle après le départ de Clara ? Son appartement est très chouette, mais c'est beaucoup plus cher d'habiter seule qu'à deux. Et si elles vivent ensemble, Valentine se confiera peut-être plus facilement, et sera moins isolée.

Elle se promet de lui en faire la proposition dans la semaine. En attendant, il y a d'autres choses à prévoir ! Céline rédige quand même une annonce pour une recherche de colocataire, puisqu'elle est à peu près persuadée que Valentine refusera. Clara, quant à elle, doit prendre rendez-vous chez le vétérinaire pour les papiers de Scruffles. Enfin, elle voudrait voir avec Adam si elle peut descendre passer quelques jours à Antibes avant de partir. Et pour finir, toutes les deux commencent à avoir beaucoup de travail, entre leurs jobs respectifs et la fac. Elles se réservent une grande partie de l'après-midi

Valentine's wife finds out? And if Valentine cuts herself off more and more from her friends, won't she find herself isolated when they separate? And if she has a problem, who is she going to tell, if it's a secret? And then, are we sure he's a good guy?

Female solidarity becomes the focus of the conversation. Suddenly, Céline has an idea: what if she were to propose to Valentine to move in with her after Clara leaves? Her apartment is very nice, but it's much more expensive to live alone than as a couple. And if they live together, Valentine might confide in her more easily, and be less isolated.

She promises herself she'll make the offer later this week. In the meantime, there are other things to plan! Céline writes an advert for a roommate, since she's pretty sure Valentine will refuse. As for Clara, she has to make an appointment with the vet for Scruffles' papers. Finally, she and Adam want to see if she can come down to Antibes for a few days before leaving. And finally, both of them are starting to have a lot of work to do, between their respective jobs and college. They set aside a large part of the afternoon to study together.

pour étudier ensemble.

« Tiens, regarde, dit Céline, quand elle a fini de rédiger son annonce. Lis ça : Charmant petit appartement, plateau de la Croix-Rousse, derrière mairie, type Canut, 4 mètres de plafond, 2 chambres sur mezzanine, cuisine équipée, vue sur cours, calme, lumineux et agréable. Cherche colocataire, genre indifférent, sociable, étudiant de préférence, studieux mais pas trop, propre, organisé et sympa. T'en penses quoi, Clara ?

- Oh, c'est bien. Un peu stéréotypé, non ? Un peu froid, tu ne crois pas ? répond Clara. Évidemment que tu ne cherches pas un coloc bordélique, sale, associable, vieux et stupide pour un appartement bruyant, moche et mal situé...

Céline éclate de rire.

- Oui, bon, c'est vrai, ce sont des évidences. Tu sais quoi, je vais écrire deux annonces : une pour une coloc affreuse et celle-ci. On verra si j'ai des appels pour les deux ! »

Céline se met donc en marche pour écrire une seconde annonce qui, bien qu'ironique, se veut de style sérieux : « Cherche colocataire pour appartement au rez-de-chaussée sur route d'un immeuble années 70, dans le quartier des prisons, proche gare. Appartement bruyant mais sécurisé.

"Here, look, says Céline, when she's finished writing her ad. Read this: Charming little apartment, Croix-Rousse plateau, behind town hall, Canut type, 4-metre ceilings, 2 bedrooms on mezzanine, fitted kitchen, view over courtyard, quiet, bright and pleasant. Seeking roommate, type indifferent, sociable, preferably student, studious but not too much, clean, organized and nice. What do you think, Clara?

- Oh, it's nice. A bit stereotypical, isn't it? A bit cold, don't you think? replies Clara. Of course you're not looking for a messy, dirty, associative, old and stupid roommate for a noisy, ugly, badly-located apartment...

Céline bursts out laughing.

- Yes, well, it's true, it's obvious. Tell you what, I'll write two ads: one for a terrible roommate and this one. Let's see if I get calls for both!"

So Céline sets off to write a second advert which, although ironic, is intended to be serious in style: "Looking for roommate for first floor apartment on road in a 70s building, in the prison district, near station. Noisy but secure apartment. Few windows: sensitive to lack of

47

Peu de fenêtres : sensible au manque de lumière, s'abstenir. Cuisine petite mais fonctionnelle, toilettes sur le palier, douche d'époque mais fonctionne. De préférence pour une personne supportant les mauvaises odeurs, le désordre, voire le chaos. Alcooliques bienvenus. Âge indifférent. » Clara rit aux larmes en lisant l'annonce. Céline envoie sur le même site Internet les deux annonces, en riant. Puis elle se lance dans son travail.

Pendant ce temps, Clara a pris contact avec le vétérinaire. Le rendez-vous est pris ! Scruffles devrait être équipé dans la semaine qui vient d'un passeport européen valide pour voyager aux États-Unis sans quarantaine. Il ne le sait pas encore, mais ce petit chien va traverser les océans très bientôt !

Il ne lui reste plus à Clara qu'à envoyer un message à Adam pour un week-end prolongé à Antibes... Mais c'est cela qui l'inquiète le plus : elle a peur qu'il refuse, ou qu'il soit occupé. Peur que ce ne soit pas une bonne idée, peur qu'il vaille mieux en rester là, peur d'être trop triste ou peur que ce ne soit pas aussi bien qu'elle le voudrait. Elle se décide quand même à lui écrire.

La réponse est sans appel et immédiate : c'est un oui, franc et massif. « Viens, ma chérie ! J'adorerais que tu viennes. Je pensais aussi essayer

light. Kitchen small but functional, toilet on landing, shower period but working. Preferably for someone who can tolerate bad smells, disorder and even chaos. Alcoholics welcome. Age indifferent." Clara laughs to herself as she reads the ad. Céline sends both ads to the same website, laughing. Then she gets down to work.

Meanwhile, Clara contacts the vet. The appointment is made! Scruffles should be equipped within the next week with a valid European passport to travel to the United States without quarantine. He doesn't know it yet, but this little dog will be crossing the oceans very soon!

All that's left for Clara to do is to send a message to Adam for an extended weekend in Antibes... But that's what worries her most: she's afraid he'll refuse, or that he'll be busy. Afraid that it's not a good idea, afraid that it's better to leave it at that, afraid that she'll be too sad or afraid that it won't be as good as she'd like. She decides to write anyway.

The answer is clear and immediate: a resounding yes. "Come on, darling! I'd love you to come. I was also thinking of trying to get up to Lyon

de monter à Lyon pour Noël, pour te revoir une dernière fois encore. N'importe quand, viens, dis-moi et on partage le prix du billet de train ! » Bon, elle peut rayer une partie de ses inquiétudes. Et elle décide de partir dès la semaine prochaine, pendant la semaine de vacances de novembre. « Décidément, les Français ont tout le temps des vacances, » se dit-elle.

for Christmas, to see you one last time. Anytime, just come, tell me and we'll split the train fare!" Well, she can cross off some of her worries. And she decides to leave as early as next week, during the November vacation week. "Decidedly, the French have all the time in the world for vacations," she says to herself.

Questions (Chapitre 4)

1. Quelle est la réaction de Céline lorsqu'elle entend parler de la situation de Valentine ?
a) Elle est surprise
b) Elle est en colère
c) Elle est sous le choc
d) Elle est indifférente

2. Quelle est la proposition de Céline concernant Valentine ?
a) Elle propose de garder le secret
b) Elle suggère d'éviter Valentine
c) Elle suggère d'inviter Valentine à vivre en colocation avec elle
d) Elle recommande à Clara de ne plus voir Valentine

3. Pourquoi Céline rédige-t-elle une annonce pour chercher un colocataire ?
a) Parce qu'elle ne veut pas partager son appartement avec Valentine
b) Parce qu'elle pense que Valentine refusera sa proposition
c) Parce qu'elle cherche à déménager dans un nouvel appartement
d) Parce qu'elle souhaite rencontrer de nouvelles personnes

4. Comment Clara réagit-elle à la première annonce écrite par Céline ?
a) Elle la trouve stéréotypée et un peu froide
b) Elle la trouve très originale et amusante
c) Elle la trouve très sérieuse et professionnelle

Questions (Chapter 4)

1. What is Céline's reaction when she hears about Valentine's situation?
a) She is surprised
b) She is angry
c) She is shocked
d) She is indifferent

2. What is Céline's proposal concerning Valentine?
a) She suggests keeping the secret
b) She advises avoiding Valentine
c) She suggests inviting Valentine to live in a flatshare with her
d) She recommends Clara to stop seeing Valentine

3. Why does Céline write an advertisement to find a roommate?
a) Because she doesn't want to share her apartment with Valentine
b) Because she thinks Valentine will refuse her proposition
c) Because she is looking to move into a new apartment
d) Because she wants to meet new people

4. How does Clara react to the first advertisement written by Céline?
a) She finds it stereotypical and a bit cold
b) She finds it very original and amusing
c) She finds it very serious and professional
d) She finds it desperate and

d) Elle la trouve désespérée et peu attrayante

d) She finds her desperate and unattractive

5. Quel est le prochain projet de voyage de Clara ?
a) Un week-end prolongé à Antibes avec Adam
b) Une visite à Annecy pour Noël
c) Son départ avec Scruffles aux États-Unis
d) Une escapade à Paris pour les vacances de novembre

5. What is Clara's next travel plan?
a) A long weekend in Antibes with Adam
b) A visit to Annecy for Christmas
c) Her departure with Scruffles to the United States
d) A trip to Paris for the November holidays

5. Un petit tour à Antibes

Tout **se met en place** très vite pour le départ de Clara. On arrive déjà **mi-novembre**, dans un mois et demi, c'est la fin de son **séjour** en France. Elle pense encore à tout cela en faisant sa valise pour aller rejoindre Adam dans le Sud. Ce petit séjour lui fera le plus grand bien : il fait encore chaud dans le Sud de la France, le soleil brille toujours. Elle verra une dernière fois la mer, mangera du poisson et, bien sûr, profitera de son amoureux qui va tant lui manquer, une fois partie.

Constance s'est **gentiment** proposée pour garder Scruffles pendant que Clara est à Antibes : en effet, Céline sera peu à la maison, entre son travail, la fac et Christophe, elle est constamment **dehors**. Constance est aussi très active, mais elle est heureuse d'**avoir de la compagnie**, et puis elle travaille beaucoup depuis chez elle. Scruffles prend donc ses quartiers à l'étage supérieur de l'immeuble de la rue Duviard. L'appartement de Constance est confortable, mais le chien n'a pas le droit de **sauter** sur le canapé ; ce qui le rend un peu **ronchon**.

Ce qui se passe à Antibes, ce n'est pas la peine de le détailler : Clara et Adam filent tout simplement le parfait amour. **Bateau**, plage, promenades, verre de vin blanc sur le port, poisson du marché à la maison… Ils vont aussi rendre

visite aux parents d'Adam, Gérard et Michelle, qui sont ravis de revoir la charmante américaine pour quelques jours dans leur petite ville. Adam couvre Clara de **tendresse** et de **mots doux**, ce qui ne manque pas de la rendre encore plus amoureuse de lui. « Quel enfer, » se dit-elle, « je le savais : ce sera encore plus difficile de partir ! » Elle se console en **se rappelant** qu'il viendra aussi passer quelques jours à Lyon pour Noël.

Se mettre en place (locution verbale) : to set up
Mi-novembre (locution adverbiale) : mid-November
Séjour (m) (nom commun) : stay
Gentiment (adverbe) : kindly
Dehors (adverbe) : outside, outdoors
Avoir de la compagnie (locution verbale) : to have company
Sauter (verbe) : to jump, to leap
Ronchon (adjectif) : grumpy, cranky
Bateau (m) (nom commun) : boat
Tendresse (f) (nom commun) : tenderness, softness
Mots doux (m, pl) (nom commun) : sweet nothings, sweet words
Se rappeler (verbe pronominal) : to remember, to recall

La météo est plus fraîche qu'en août, bien entendu, mais toujours très agréable. Il est toujours possible de s'assoir en terrasse et de faire une sortie en bateau sans **risquer** d'**attraper froid**. Pendant le week-end, les deux tourtereaux vont faire une randonnée dans la montagne **avoisinante**. Clara redécouvre ces beaux paysages de montagne à la végétation si particulière, avec ses petits villages, les jolies chapelles, les oliviers, les **amandiers**…

Pendant qu'elle se relaxe au soleil, Constance envoie régulièrement des photos du petit chien. Scruffles a bien grandi, il a presque sa taille adulte maintenant ! Mais il est toujours aussi mignon et aussi **farceur**. Clara y est définitivement très attachée. Sur l'une des photos, Clara peut voir une main d'homme… Et elle croit reconnaître la main de Max. Elle n'ose pas déranger Constance avec ses questions. Elle apprendra à son retour que Max est en effet revenu. Il a tout avoué à Constance : la fille avec laquelle il communiquait, c'était bien Anouk. Malgré leur séparation, Anouk et lui continuaient d'**entretenir** un genre de relation.

La séparation d'avec Constance a **fait réfléchir** Max. Il a réalisé **à quel point** il était triste sans elle, à quel point il tenait à elle. Un soir, il a frappé à sa porte avec un énorme bouquet de roses blanches. D'abord, Constance a essayé

de le rejeter. Elle a voulu fermer la porte, mais il a insisté, gentiment mais **fermement**. Il voulait, au moins, essayer de discuter. Elle l'a laissé entrer, sans toucher aux fleurs. Ils se sont assis, et Max a fondu en larmes. Cela a **désarmé** Constance. Puis elle l'a écouté raconter. Il lui a tout dit : les messages, la relation un peu toxique, la difficulté de se séparer définitivement, sa propre **lâcheté**. Depuis leur séparation, Max se mord les doigts. Il **a maigri**, il n'a plus d'appétit. Il a perdu sa motivation, en somme, sa **raison de vivre**.

Risquer (verbe) : to risk
Attraper froid (locution verbale) : to catch a cold
Avoisinant (adjectif) : neighboring, nearby
Amandier (m) (nom commun) : almond tree
Farceur (m) (nom commun) : playful, joker
Entretenir (verbe) : to maintain, to look after
Faire réfléchir (locution verbale) : to make you think
À quel point (locution adverbiale) : how much, to what extent
Fermement (adverbe) : firmly, strongly
Désarmer (verbe) : to disarm
Lâcheté (f) (nom commun) : cowardice
Maigrir (verbe) : to lose weight
Raison de vivre (f) (nom commun) : reason to live

Constance lui a demandé un jour ou deux de réflexion. Max a eu l'air de comprendre, et il est parti, en laissant le bouquet de fleurs, que Constance a placé dans un vase au milieu de son salon. Elle a passé la nuit à réfléchir : bien sûr, elle était encore amoureuse, mais si elle ne peut pas lui faire confiance, **à quoi bon** ? En même temps, comme il lui avait tout raconté, elle s'est dit qu'elle pourrait peut-être lui faire confiance **à nouveau**.

Le lendemain, Max et elle sont allés boire un verre. Et, **comme par magie** mais dans une grande simplicité, ils ont retrouvé leur belle complicité. Après quelques heures, Constance était **conquise**. Et Max et elle se sont remis ensemble.

Elle racontera tout cela à Clara et Céline, quand Clara rentrera de son petit voyage. Le soir de son départ, cette dernière est bien triste. Adam l'accompagne à la gare de train. Quand le train est parti, ils se sont dit au revoir de la main. Clara **a eu de la peine à** retenir ses larmes. Mais elle n'est pas **profondément** triste : elle a confiance en l'**avenir**. Adam veut partir aux États-Unis, pour la voir et, **qui sait** ? Pour s'installer quelque temps ? Il est

libre et a **soif** d'aventures.

En arrivant à Lyon, c'est la surprise à la gare : Christophe est là, avec Céline. Il porte un corset qui **soutient** son dos encore fragile, mais il marche bien ! Tous les trois rentrent à l'appartement des filles. Clara va immédiatement sonner chez Constance, pour récupérer Scruffles, qui l'accueille avec **entrain**. Puis Constance rejoint la petite troupe pour un apéritif. C'est là qu'elle raconte ses dernières aventures avec Max.

Tout le monde semble ravi par cette nouvelle. Leur séparation semblait être une aberration pour chacun. Max a fait une bêtise, mais il **s'en est aperçu** et il a tout fait pour **réparer**. L'essentiel, maintenant, c'est qu'il se montre honnête. Clara ne peut pas s'empêcher d'avoir une pensée pour Valentine, qui se trouve, elle, dans une situation bien compliquée...

À quoi bon ? (expression) : What's the use?, What's the point?
À nouveau (locution adverbiale) : again, once again
Comme par magie (expression) : as if by magic
Conquis (adjectif) : conquered, won over
Avoir de la peine à (locution verbale) : to have difficulty doing [sth]
Profondément (adverbe) : deeply, deep
Avenir (m) (nom commun) : future
Qui sait ? (expression) : who knows?
Soif (f) (nom commun) : thirst
Soutenir (verbe) : to support, to help
Entrain (m) (nom commun) : enthusiasm, energy
S'apercevoir (verbe pronominal) : to realize
Réparer (verbe) : to fix (your mistakes)

Questions (Chapitre 5)

1. Quel est le principal objectif du séjour de Clara à Antibes ? (Plusieurs réponses possibles)
a) Profiter du soleil et de la mer
b) Voir Adam
c) Faire du shopping dans le Sud de la France
d) Se reposer

2. Qui garde Scruffles pendant que Clara est à Antibes ?
a) Céline
b) Constance
c) Les parents de Céline
d) Valentine

3. Quelle activité Clara et Adam font-ils pendant le week-end ?
a) Ils vont faire une randonnée en montagne
b) Ils visitent les jolies chapelles du village
c) Ils font une sortie en bateau sur la mer
d) Ils restent chez Adam car il fait mauvais

4. Que réalise Max après sa rupture avec Constance ?
a) Il se rend compte qu'il est mieux sans elle
b) Il se rend compte qu'il est toujours amoureux d'Anouk
c) Il se rend compte de son attachement profond envers Constance
d) Il se rend compte qu'il est difficile de maintenir une relation double

5. Comment Clara se sent-elle au moment de dire au revoir à Adam à la gare ?
a) Très triste et déprimée
b) Indécise sur ses sentiments
c) Anxieuse et nerveuse
d) Pleine de confiance en l'avenir

5. Un petit tour à Antibes

Tout se met en place très vite pour le départ de Clara. On arrive déjà mi-novembre, dans un mois et demi, c'est la fin de son séjour en France. Elle pense encore à tout cela en faisant sa valise pour aller rejoindre Adam dans le Sud. Ce petit séjour lui fera le plus grand bien : il fait encore chaud dans le Sud de la France, le soleil brille toujours. Elle verra une dernière fois la mer, mangera du poisson et, bien sûr, profitera de son amoureux qui va tant lui manquer, une fois partie.

Constance s'est gentiment proposée pour garder Scruffles pendant que Clara est à Antibes : en effet, Céline sera peu à la maison, entre son travail, la fac et Christophe, elle est constamment dehors. Constance est aussi très active, mais elle est heureuse d'avoir de la compagnie, et puis elle travaille beaucoup depuis chez elle. Scruffles prend donc ses quartiers à l'étage supérieur de l'immeuble de la rue Duviard. L'appartement de Constance est confortable, mais le chien n'a pas le droit de sauter sur le canapé ; ce qui le rend un peu ronchon.

Ce qui se passe à Antibes, ce n'est pas la peine de le détailler : Clara et Adam filent tout simplement le parfait amour. Bateau, plage, promenades, verre de vin blanc sur le port, poisson du marché à la maison... Ils vont aussi

5. A short trip to Antibes

Everything is falling into place very quickly for Clara's departure. It's already mid-November, and in a month and a half, her stay in France will come to an end. She's still thinking about all this as she packs her suitcase to join Adam in the South. This little break will do her a world of good: it's still warm in the South of France, and the sun is still shining. She'll get to see the sea one last time, eat some fish and, of course, enjoy her lover, whom she'll miss so much once she's gone.

Constance has kindly offered to look after Scruffles while Clara is in Antibes: indeed, Céline won't be at home much, between her work, university and Christophe, she's constantly out and about. Constance is also very active, but she's happy to have company, and she works a lot from home. So Scruffles takes up residence on the top floor of the rue Duviard building. Constance's apartment is comfortable, but the dog is not allowed to jump on the sofa, which makes him a bit grumpy.

There's no need to go into detail about what's going on in Antibes: Clara and Adam are simply in perfect love. Boats, beaches, walks, a glass of white wine in the harbor, fish from the market at home... They also

rendre visite aux parents d'Adam, Gérard et Michelle, qui sont ravis de revoir la charmante américaine pour quelques jours dans leur petite ville. Adam couvre Clara de tendresse et de mots doux, ce qui ne manque pas de la rendre encore plus amoureuse de lui. « Quel enfer, » se dit-elle, « je le savais : ce sera encore plus difficile de partir ! » Elle se console en se rappelant qu'il viendra aussi passer quelques jours à Lyon pour Noël.

La météo est plus fraîche qu'en août, bien entendu, mais toujours très agréable. Il est toujours possible de s'asseoir en terrasse et de faire une sortie en bateau sans risquer d'attraper froid. Pendant le week-end, les deux tourtereaux vont faire une randonnée dans la montagne avoisinante. Clara redécouvre ces beaux paysages de montagne à la végétation si particulière, avec ses petits villages, les jolies chapelles, les oliviers, les amandiers...

Pendant qu'elle se relaxe au soleil, Constance envoie régulièrement des photos du petit chien. Scruffles a bien grandi, il a presque sa taille adulte maintenant ! Mais il est toujours aussi mignon et aussi farceur. Clara y est définitivement très attachée. Sur l'une des photos, Clara peut voir une main d'homme... Et elle croit reconnaître la main de Max. Elle n'ose pas déranger Constance avec ses questions. Elle apprendra à son retour que Max est en effet revenu.

pay a visit to Adam's parents, Gérard and Michelle, who are delighted to see the charming American for a few days in their small town. Adam showered Clara with tenderness and kind words, which made her fall even more in love with him. "What the hell," she says to herself, "I knew it: it's going to be even harder to leave!" She consoles herself by remembering that he's also coming to spend a few days in Lyon for Christmas.

The weather is cooler than August, of course, but still very pleasant. It's still possible to sit out on the terrace and take a boat trip without catching a chill. Over the weekend, the two lovebirds go hiking in the nearby mountains. Clara rediscovers these beautiful mountain landscapes with their distinctive vegetation, small villages, pretty chapels, olive and almond trees...

While she relaxes in the sun, Constance sends regular photos of the little dog. Scruffles is all grown up - he's almost full grown now! But he's as cute and playful as ever. Clara is definitely very attached to him. In one of the photos, Clara can see a man's hand... And she thinks she recognizes Max's hand. She doesn't dare bother Constance with her questions. When she returns, she learns that Max has indeed returned. He confessed to Constance that the

Il a tout avoué à Constance : la fille avec laquelle il communiquait, c'était bien Anouk. Malgré leur séparation, Anouk et lui continuaient d'entretenir un genre de relation.

La séparation d'avec Constance a fait réfléchir Max. Il a réalisé à quel point il était triste sans elle, à quel point il tenait à elle. Un soir, il a frappé à sa porte avec un énorme bouquet de roses blanches. D'abord, Constance a essayé de le rejeter. Elle a voulu fermer la porte, mais il a insisté, gentiment mais fermement. Il voulait, au moins, essayer de discuter. Elle l'a laissé entrer, sans toucher aux fleurs. Ils se sont assis, et Max a fondu en larmes. Cela a désarmé Constance. Puis elle l'a écouté raconter. Il lui a tout dit : les messages, la relation un peu toxique, la difficulté de se séparer définitivement, sa propre lâcheté. Depuis leur séparation, Max se mord les doigts. Il a maigri, il n'a plus d'appétit. Il a perdu sa motivation, en somme, sa raison de vivre.

Constance lui a demandé un jour ou deux de réflexion. Max a eu l'air de comprendre, et il est parti, en laissant le bouquet de fleurs, que Constance a placé dans un vase au milieu de son salon. Elle a passé la nuit à réfléchir : bien sûr, elle était encore amoureuse, mais si elle ne peut pas lui faire confiance, à quoi bon ? En même temps, comme il lui avait tout raconté, elle s'est dit qu'elle pourrait peut-être lui faire confiance

girl he'd been communicating with was Anouk. Despite their separation, he and Anouk continued to have some kind of relationship.

The separation from Constance made Max think. He realized how sad he was without her, how much he cared for her. One evening, he knocked on her door with a huge bouquet of white roses. At first, Constance tried to reject him. She wanted to close the door, but he insisted, gently but firmly. He wanted, at least, to try to talk. She let him in, without touching the flowers. They sat down, and Max burst into tears. This disarmed Constance. Then she listened to his story. He told her everything: the messages, the toxic relationship, the difficulty of parting for good, his own cowardice. Since their separation, Max has been biting his fingers. He's lost weight and appetite. He's lost his motivation, his reason for living.

Constance asked him for a day or two to think things over. Max seemed to understand, and left, leaving the bouquet of flowers, which Constance placed in a vase in the middle of her living room. She spent the night thinking: sure, she was still in love, but if she couldn't trust him, what was the point? At the same time, since he'd told her everything, she thought she might be able to trust him again.

à nouveau.

Le lendemain, Max et elle sont allés boire un verre. Et, comme par magie mais dans une grande simplicité, ils ont retrouvé leur belle complicité. Après quelques heures, Constance était conquise. Et Max et elle se sont remis ensemble.

Elle racontera tout cela à Clara et Céline, quand Clara rentrera de son petit voyage. Le soir de son départ, cette dernière est bien triste. Adam l'accompagne à la gare de train. Quand le train est parti, ils se sont dit au revoir de la main. Clara a eu de la peine à retenir ses larmes. Mais elle n'est pas profondément triste : elle a confiance en l'avenir. Adam veut partir aux États-Unis, pour la voir et, qui sait ? Pour s'installer quelque temps ? Il est libre et a soif d'aventures.

En arrivant à Lyon, c'est la surprise à la gare : Christophe est là, avec Céline. Il porte un corset qui soutient son dos encore fragile, mais il marche bien ! Tous les trois rentrent à l'appartement des filles. Clara va immédiatement sonner chez Constance, pour récupérer Scruffles, qui l'accueille avec entrain. Puis Constance rejoint la petite troupe pour un apéritif. C'est là qu'elle raconte ses dernières aventures avec Max.

Tout le monde semble ravi par cette nouvelle. Leur séparation semblait

The next day, she and Max went out for a drink. And, as if by magic but with great simplicity, they rediscovered their beautiful complicity. After a few hours, Constance was won over. And she and Max got back together.

She'll tell Clara and Céline all about it when Clara returns from her little trip. On the evening of her departure, Clara is very sad. Adam accompanies her to the train station. When the train left, they waved goodbye. Clara could hardly hold back her tears. But she wasn't deeply sad: she was confident about the future. Adam wants to go to the United States, to see her and, who knows? To settle down for a while? He's free and eager for adventure.

When we arrived in Lyon, we were surprised to find Christophe at the station with Céline. He's wearing a corset to support his still-fragile back, but he's walking well! The three of them return to the girls' apartment. Clara immediately rings Constance's doorbell to collect Scruffles, who greets her with a cheerful smile. Constance then joins the gang for an aperitif. There, she recounts her latest adventures with Max.

Everyone seems delighted by the news. Their separation seemed an

être une aberration pour chacun. Max a fait une bêtise, mais il s'en est aperçu et il a tout fait pour réparer. L'essentiel, maintenant, c'est qu'il se montre honnête. Clara ne peut pas s'empêcher d'avoir une pensée pour Valentine, qui se trouve, elle, dans une situation bien compliquée...

aberration to everyone. Max made a mistake, but he realized it and did everything he could to fix it. The most important thing now is for him to be honest. Clara can't help but think of Valentine, who finds herself in a very complicated situation...

Questions (Chapitre 5)

1. Quel est le principal objectif du séjour de Clara à Antibes ? (Plusieurs réponses possibles)
a) Profiter du soleil et de la mer
b) Voir Adam
c) Faire du shopping dans le Sud de la France
d) Se reposer

2. Qui garde Scruffles pendant que Clara est à Antibes ?
a) Céline
b) Constance
c) Les parents de Céline
d) Valentine

3. Quelle activité Clara et Adam font-ils pendant le week-end ?
a) Ils vont faire une randonnée en montagne
b) Ils visitent les jolies chapelles du village
c) Ils font une sortie en bateau sur la mer
d) Ils restent chez Adam car il fait mauvais

4. Que réalise Max après sa rupture avec Constance ?
a) Il se rend compte qu'il est mieux sans elle
b) Il se rend compte qu'il est toujours amoureux d'Anouk
c) Il se rend compte de son attachement profond envers Constance
d) Il se rend compte qu'il est difficile de maintenir une relation double

Questions (Chapter 5)

1. What is the main purpose of Clara's stay in Antibes? (Multiple answers possible)
a) Enjoying the sun and the sea
b) Seeing Adam
c) Shopping in the South of France
d) Resting

2. Who takes care of Scruffles while Clara is in Antibes?
a) Céline
b) Constance
c) Céline's parents
d) Valentine

3. What activity do Clara and Adam do during the weekend?
a) They go hiking in the mountains
b) They visit the village's pretty chapels
c) They go boating on the sea
d) They stay at Adam's because of bad weather

4. What does Max realize after his breakup with Constance?
a) He realizes he is better off without her
b) He realizes he is still in love with Anouk
c) He realizes his deep attachment to Constance
d) He realizes it's difficult to maintain a double relationship

5. Comment Clara se sent-elle au moment de dire au revoir à Adam à la gare ?
a) Très triste et déprimée
b) Indécise sur ses sentiments
c) Anxieuse et nerveuse
d) Pleine de confiance en l'avenir

5. How does Clara feel when saying goodbye to Adam at the train station?
a) Very sad and depressed
b) Indecisive about her feelings
c) Anxious and nervous
d) Full of confidence in the future

6. La recherche d'un nouveau colocataire se précise

Le mois de décembre arrive : il fait froid, il pleut, le ciel est bas. Comme en hiver... D'ailleurs, l'hiver approche. Même Scruffles n'aime pas la pluie. Tout le monde passe plus de temps à l'intérieur. On prépare des soupes, on se fait des soirées films sous la **couette**, on fait des apéritifs à la maison. Les terrasses sont toutes rangées et les magasins affichent les nouvelles collections de **gants**, d'écharpes et de **manteaux** bien chauds.

Mais l'hiver vient aussi avec son lot de bonnes choses : à Lyon, par exemple, le 8 décembre, c'est la fête des **Lumières**. Clara en a entendu parler, car c'est une fête très connue aujourd'hui, mais elle ne connaît pas son histoire. C'est Constance qui va la lui raconter.

« Le 8 décembre c'est une date très particulière pour nous, explique-t-elle un soir. En fait, c'était d'abord une fête religieuse : c'est pour ça que tu verras des images de la Vierge Marie un peu **partout**. Quand j'étais petite, ce n'était pas du tout **la même chose**. Avec mes parents, le soir du 8 décembre, on **allumait** des petites **bougies** dans des petits verres colorés, qu'on appelle des lumignons, et on les mettait en ligne à toutes les fenêtres. Dans la rue, c'était super beau, parce que tout le monde le faisait ! Ces lumignons c'était, dans la **croyance** religieuse, pour remercier Marie d'avoir **sauvé** la ville de Lyon d'un

épisode de **peste**. Ensuite, c'est devenu une tradition. Il y a beaucoup de gens qui mettaient des lumignons aux fenêtres sans croire en Dieu **pour autant**. Aujourd'hui, la ville de Lyon a repris l'idée des lumières pour **éclairer** la ville, et elle engage des artistes, chaque année, pour éclairer les monuments de la ville. C'est très beau aussi, mais ça n'est plus comme avant. Moi je mets toujours mes lumignons, et beaucoup de gens le font encore, mais beaucoup moins qu'avant.

Couette (f) (nom commun) : duvet, comforter
Gant (m) (nom commun) : glove
Manteau (m) (nom commun) : coat
Lumière (f) (nom commun) : light
Partout (adverbe) : everywhere
La même chose (f) (nom commun) : the same thing
Allumer (verbe) : to light
Bougie (f) (nom commun) : candle
Croyance (f) (nom commun) : belief
Sauver (verbe) : to save
Peste (f) (nom commun) : plague
Pour autant (locution adverbiale) : for all that
Éclairer (verbe) : to illuminate, to light up

- Oui, dit Céline, qui écoutait la conversation. Ce n'est plus comme avant. **D'ailleurs**, il y a beaucoup de Lyonnais qui partent de Lyon le jour du 8 décembre parce que **c'est devenu** tellement touristique que c'est difficile de marcher dans la rue ! Nous, on va rester, il faut que tu voies ça, quand même. C'est impressionnant ! »

Clara est très impatiente d'assister à ce spectacle. Déjà quelques jours avant, les artistes **son et lumière** commencent à installer leurs projecteurs et à faire des tests dans les rues. Se promener est devenu très sympa, parce qu'on peut déjà assister à quelques spectacles, mais les touristes ne sont pas encore là.

En rentrant de la bibliothèque, un peu tard, Clara **déambule** dans les rues en compagnie de Valentine, qui se confie plus à elle à présent qu'elle **ait divulgué** son secret. Clara profite d'une promenade nocturne pour lui parler de son départ de l'appartement de la rue Duviard. Peut-être que Valentine voudrait **emménager** avec Céline ? Très surprise de cette proposition, Valentine commence par refuser, arguant qu'elle **se sent** très bien chez elle.

Puis elle réfléchit un peu, en silence, et reprend la parole :

« En fait, ce serait très sympa d'habiter **en colocation**, dit-elle. Je n'y avais jamais pensé, mais ça me ferait de la compagnie ! Et puis, votre appartement est vraiment sympa. C'est laquelle déjà, ta chambre ?

- C'est la plus **chouette**, dit Clara en souriant. C'est hyper calme, pas très haut de plafond parce que c'est une mezzanine, mais le lit est très confortable et il y a de la place pour **ranger** tes vêtements.

- Et le **loyer** ? demande encore Valentine. »

La discussion **s'enchaîne**. Finalement, Valentine décide de raccompagner Clara jusqu'à chez elle pour revoir l'appartement et en discuter avec Céline, si elle est là. Et elle est bien là quand les deux copines arrivent, au téléphone avec un potentiel nouveau colocataire.

« Vous appelez pour quelle **annonce** ? dit-elle au téléphone. Oui, oui, j'ai deux annonces. Non, j'habite un seul appartement. Oui, non mais ce serait compliqué à expliquer, mais dites-moi, il est écrit quoi sur l'annonce ? Ah, très bien. Oui, oui, c'est très calme ! »

D'ailleurs (locution adverbiale) : by the way, for that matter
Devenir (verbe) : to become
Son et lumière (m) (nom commun) : sound and light
Déambuler (verbe) : to stroll, to wander
Divulguer (verbe) : to divulge, to reveal
Emménager (verbe) : to move in
Se sentir (verbe pronominal) : to feel
En colocation (locution adjectivale) : with a roommate, sharing a house
Chouette (adjectif) : cool, nice
Ranger (verbe) : to tidy up, to clean
Loyer (m) (nom commun) : rent
S'enchaîner (verbe pronominal) : to continue (in this context)
Annonce (f) (nom commun) : ad

Clara **pouffe de rire** en entendant la conversation. Elle comprend que Céline reçoit des appels pour les deux annonces qu'elle a posées. Quelle idée ! Quand elle a terminé son appel et pris rendez-vous pour une visite de l'appartement avec le **candidat**, Céline salue ses deux amies. Valentine

lui parle immédiatement de la possibilité d'habiter avec elle. Elle regarde l'appartement avec un œil nouveau. C'est un peu plus petit que chez elle, mais c'est aussi plus cozy, plus joli, et elle adore le quartier. **S'engage** une discussion autour d'un thé, sur les **habitudes** des unes et des autres, le fonctionnement actuel de la colocation entre Clara et Céline. Les horaires de Céline, comment elle fonctionne avec Christophe, comment elle accepterait d'accueillir son copain, la **gestion** du frigo, des tâches ménagères et de la cuisine, les charges, l'électricité, l'eau et le gaz...

Finalement, Valentine est conquise. Il lui reste à voir si ses **affaires** pourraient entrer dans la chambre de Clara. Elle souhaite simplement prendre quelques jours de réflexion, ce que Céline comprend parfaitement.

Puis la soirée **s'éternise** en repas improvisé, simple mais très bon : quelques **légumes** accompagnant des lentilles fondantes cuisinées à la lyonnaise, avec du lard et des petits oignons. Valentine **s'éclipse** quelques minutes pour acheter une bouteille de vin. Et finalement, il est si tard quand elles terminent que Clara décide d'ouvrir le **canapé-lit** pour que Valentine dorme sur place. **Ainsi**, elle pourra voir l'ambiance du matin dans l'appartement, calme et reposante !

Pouffer (de rire) (verbe) : to snort, to snort with laughter
Candidat (m) (nom commun) : candidate, applicant
S'engager (verbe pronominal) : to start, to begin (in this context)
Habitude (f) (nom commun) : habit
Gestion (f) (nom commun) : management
Affaires (f, pl) (nom commun) : belongings
S'éterniser (verbe pronominal) : to go on and on
Légume (m) (nom commun) : vegetable
S'éclipser (verbe pronominal) : to slip away
Canapé-lit (m) (nom commun) : sofa bed
Ainsi (adverbe) : thus, in this way, like this

Questions (Chapitre 6)

1. Qu'est-ce qu'on célèbre à Lyon le 8 décembre ?
a) L'anniversaire de la fondation de la ville de Lyon
b) La journée nationale de la gastronomie lyonnaise
c) La fête des Lumières
d) La journée du patrimoine culturel lyonnais

2. Quelle est la signification originale de la fête des Lumières à Lyon ?
a) Une célébration du solstice d'hiver
b) Une fête en l'honneur de la Vierge Marie
c) Une tradition pour accueillir le mois de Décembre
d) Une commémoration de la fin de la Seconde Guerre mondiale

3. Qu'est-ce qui rend marcher dans les rues de Lyon difficile le 8 décembre selon Céline ?
a) La pluie
b) Les touristes
c) Les installations des artistes son et lumière
d) Les feux d'artifice

4. Pourquoi Valentine refuse-t-elle initialement la proposition de Clara d'emménager avec Céline ?
a) Parce qu'elle ne veut pas habiter en colocation
b) Parce qu'elle se sent très bien chez elle
c) Parce qu'elle n'aime pas l'appartement de Clara et Céline
d) Parce qu'elle préfère vivre seule

5. Comment Clara décrit-elle sa chambre à Valentine ?
a) Petite mais confortable
b) Grande avec beaucoup de lumière
c) Avec une vue magnifique
d) Avec beaucoup d'espace de rangement

6. La recherche d'un nouveau colocataire se précise

Le mois de décembre arrive : il fait froid, il pleut, le ciel est bas. Comme en hiver... D'ailleurs, l'hiver approche. Même Scruffles n'aime pas la pluie. Tout le monde passe plus de temps à l'intérieur. On prépare des soupes, on se fait des soirées films sous la couette, on fait des apéritifs à la maison. Les terrasses sont toutes rangées et les magasins affichent les nouvelles collections de gants, d'écharpes et de manteaux bien chauds.

Mais l'hiver vient aussi avec son lot de bonnes choses : à Lyon, par exemple, le 8 décembre, c'est la fête des Lumières. Clara en a entendu parler, car c'est une fête très connue aujourd'hui, mais elle ne connaît pas son histoire. C'est Constance qui va la lui raconter.

« Le 8 décembre c'est une date très particulière pour nous, explique-t-elle un soir. En fait, c'était d'abord une fête religieuse : c'est pour ça que tu verras des images de la Vierge Marie un peu partout. Quand j'étais petite, ce n'était pas du tout la même chose. Avec mes parents, le soir du 8 décembre, on allumait des petites bougies dans des petits verres colorés, qu'on appelle des lumignons, et on les mettait en ligne à toutes les fenêtres. Dans la rue, c'était super beau, parce que tout le monde le

6. The search for a new roommate takes shape

December arrives: it's cold, it's raining, the sky is low. Just like winter... In fact, winter is coming. Even Scruffles doesn't like the rain. Everyone's spending more time indoors. We're making soups, having movie nights under the comforter, having aperitifs at home. The terraces are all tidied up and the stores display the new collections of warm gloves, scarves and coats.

But winter also comes with its share of good things: in Lyon, for example, the Fête des Lumières takes place on December 8. Clara has heard of it, because it's a well-known festival today, but she doesn't know its history. Constance tells her.

"December 8 is a very special date for us, she explains one evening. In fact, it was first and foremost a religious holiday: that's why you'll see pictures of the Virgin Mary all over the place. When I was a child, it wasn't at all the same thing. With my parents, on the evening of December 8th, we used to light little candles in coloured glasses, called lumignons, and line them up in all the windows. In the street, it was really beautiful, because everyone was doing it! The lumignons were, in religious belief, to

faisait ! Ces lumignons c'était, dans la croyance religieuse, pour remercier Marie d'avoir sauvé la ville de Lyon d'un épisode de peste. Ensuite, c'est devenu une tradition. Il y a beaucoup de gens qui mettaient des lumignons aux fenêtres sans croire en Dieu pour autant. Aujourd'hui, la ville de Lyon a repris l'idée des lumières pour éclairer la ville, et elle engage des artistes, chaque année, pour éclairer les monuments de la ville. C'est très beau aussi, mais ça n'est plus comme avant. Moi je mets toujours mes lumignons, et beaucoup de gens le font encore, mais beaucoup moins qu'avant.

- Oui, dit Céline, qui écoutait la conversation. Ce n'est plus comme avant. D'ailleurs, il y a beaucoup de Lyonnais qui partent de Lyon le jour du 8 décembre parce que c'est devenu tellement touristique que c'est difficile de marcher dans la rue ! Nous, on va rester, il faut que tu voies ça, quand même. C'est impressionnant ! »

Clara est très impatiente d'assister à ce spectacle. Déjà quelques jours avant, les artistes son et lumière commencent à installer leurs projecteurs et à faire des tests dans les rues. Se promener est devenu très sympa, parce qu'on peut déjà assister à quelques spectacles, mais les touristes ne sont pas encore là.

En rentrant de la bibliothèque, un peu tard, Clara déambule dans les

thank Mary for having saved the city of Lyon from an episode of plague. Then it became a tradition. Many people put luminous lights in their windows, without believing in God. Today, the city of Lyon has taken up the idea of lights to illuminate the city, and every year hires artists to illuminate the city's monuments. It's very beautiful too, but it's not like it used to be. I still put up my candelabras, and a lot of people still do, but a lot less than before.

- Yes, says Céline, who was listening to the conversation. It's not like it used to be. In fact, a lot of Lyonnais leave Lyon on December 8th because it's become so touristy that it's hard to walk down the street! We're going to stay - you've got to see it, though. It's amazing!"

Clara is really looking forward to the show. A few days beforehand, the sound and light artists begin to install their spotlights and carry out tests in the streets. Walking around has become a lot of fun, because you can already see some of the shows, but the tourists aren't here yet.

On her way home from the library, a little late, Clara wanders the streets

rues en compagnie de Valentine, qui se confie plus à elle à présent qu'elle ait divulgué son secret. Clara profite d'une promenade nocturne pour lui parler de son départ de l'appartement de la rue Duviard. Peut-être que Valentine voudrait emménager avec Céline ? Très surprise de cette proposition, Valentine commence par refuser, arguant qu'elle se sent très bien chez elle.

Puis elle réfléchit un peu, en silence, et reprend la parole :

« En fait, ce serait très sympa d'habiter en colocation, dit-elle. Je n'y avais jamais pensé, mais ça me ferait de la compagnie ! Et puis, votre appartement est vraiment sympa. C'est laquelle déjà, ta chambre ?

- C'est la plus chouette, dit Clara en souriant. C'est hyper calme, pas très haut de plafond parce que c'est une mezzanine, mais le lit est très confortable et il y a de la place pour ranger tes vêtements.

- Et le loyer ? demande encore Valentine. »

La discussion s'enchaîne. Finalement, Valentine décide de raccompagner Clara jusqu'à chez elle pour revoir l'appartement et en discuter avec Céline, si elle est là. Et elle est bien là quand les deux copines arrivent, au téléphone avec un potentiel nouveau colocataire.

with Valentine, who confides in her more now that she's revealed her secret. Clara takes advantage of a late-night stroll to talk to her about leaving the rue Duviard apartment. Perhaps Valentine would like to move in with Céline? Surprised by this proposal, Valentine initially refuses, arguing that she feels very much at home.

Then she thinks a little, silently, and speaks up again:

"In fact, it would be really nice to share a flat, she says. I'd never thought about it, but I could use the company! Besides, your apartment is really nice. Which room is yours again?

- It's the nicest, says Clara with a smile. It's very quiet, not very high ceilings because it's a mezzanine, but the bed is very comfortable and there's plenty of room to put your clothes away.

- What about the rent? asks Valentine again."

The discussion goes on and on. Finally, Valentine decides to take Clara home to see the apartment again and discuss it with Céline, if she's there. And she's there when they arrive, on the phone with a potential new roommate.

« Vous appelez pour quelle annonce ? dit-elle au téléphone. Oui, oui, j'ai deux annonces. Non, j'habite un seul appartement. Oui, non mais ce serait compliqué à expliquer, mais dites-moi, il est écrit quoi sur l'annonce ? Ah, très bien. Oui, oui, c'est très calme ! »

Clara pouffe de rire en entendant la conversation. Elle comprend que Céline reçoit des appels pour les deux annonces qu'elle a posées. Quelle idée ! Quand elle a terminé son appel et pris rendez-vous pour une visite de l'appartement avec le candidat, Céline salue ses deux amies. Valentine lui parle immédiatement de la possibilité d'habiter avec elle. Elle regarde l'appartement avec un œil nouveau. C'est un peu plus petit que chez elle, mais c'est aussi plus cozy, plus joli, et elle adore le quartier. S'engage une discussion autour d'un thé, sur les habitudes des unes et des autres, le fonctionnement actuel de la colocation entre Clara et Céline. Les horaires de Céline, comment elle fonctionne avec Christophe, comment elle accepterait d'accueillir son copain, la gestion du frigo, des tâches ménagères et de la cuisine, les charges, l'électricité, l'eau et le gaz...

Finalement, Valentine est conquise. Il lui reste à voir si ses affaires pourraient entrer dans la chambre de Clara. Elle souhaite simplement prendre quelques jours de réflexion, ce que Céline comprend parfaitement.

"Which ad are you calling about? she says into the phone. Yes, yes, I have two ads. No, I only live in one apartment. Yes, no, but it would be complicated to explain, but tell me, what does it say on the ad? Ah, very good. Yes, yes, it's very quiet!"

Clara giggles at the conversation. She understands that Céline is receiving calls for the two ads she's placed. What an idea! When she has finished her call and made an appointment to visit the apartment with the candidate, Céline greets her two friends. Valentine immediately tells her about the possibility of living with her. She takes a fresh look at the apartment. It's a little smaller than her home, but it's also cozier, prettier, and she loves the neighborhood. We start chatting over tea, about each other's habits and how the flat-sharing arrangement between Clara and Céline is working at the moment. Céline's schedule, how she works with Christophe, how she'd take in her boyfriend, how she manages the fridge, housework and cooking, utilities, electricity, water and gas...

Finally, Valentine was won over. All that remains is for her to decide whether her belongings will fit in Clara's room. She simply wishes to take a few days to think things over, which Céline understands perfectly.

Puis la soirée s'éternise en repas improvisé, simple mais très bon : quelques légumes accompagnant des lentilles fondantes cuisinées à la lyonnaise, avec du lard et des petits oignons. Valentine s'éclipse quelques minutes pour acheter une bouteille de vin. Et finalement, il est si tard quand elles terminent que Clara décide d'ouvrir le canapé-lit pour que Valentine dorme sur place. Ainsi, elle pourra voir l'ambiance du matin dans l'appartement, calme et reposante !

Then the evening drags on into an improvised meal, simple but very good: a few vegetables with melting lentils cooked Lyon-style, with bacon and small onions. Valentine slips away for a few minutes to buy a bottle of wine. And finally, it's so late when they finish that Clara decides to open the sofa-bed so that Valentine can sleep on the spot. This way, she'll be able to see how calm and restful the apartment feels in the morning!

Questions (Chapitre 6)

1. Qu'est-ce qu'on célèbre à Lyon le 8 décembre ?
a) L'anniversaire de la fondation de la ville de Lyon
b) La journée nationale de la gastronomie lyonnaise
c) La fête des Lumières
d) La journée du patrimoine culturel lyonnais

2. Quelle est la signification originale de la fête des Lumières à Lyon ?
a) Une célébration du solstice d'hiver
b) Une fête en l'honneur de la Vierge Marie
c) Une tradition pour accueillir le mois de Décembre
d) Une commémoration de la fin de la Seconde Guerre mondiale

3. Qu'est-ce qui rend marcher dans les rues de Lyon difficile le 8 décembre selon Céline ?
a) La pluie
b) Les touristes
c) Les installations des artistes son et lumière
d) Les feux d'artifice

4. Pourquoi Valentine refuse-t-elle initialement la proposition de Clara d'emménager avec Céline ?
a) Parce qu'elle ne veut pas habiter en colocation
b) Parce qu'elle se sent très bien chez elle
c) Parce qu'elle n'aime pas

Questions (Chapter 6)

1. What is celebrated in Lyon on December 8th?
a) The anniversary of the founding of the city of Lyon
b) The National Day of Lyonnaise Gastronomy
c) The Festival of Lights
d) The Day of Lyon's Cultural Heritage

2. What is the original meaning of the Festival of Lights in Lyon?
a) A celebration of the winter solstice
b) A festival in honor of the Virgin Mary
c) A tradition to welcome the month of December
d) A commemoration of the end of World War II

3. What makes it difficult to walk in the streets of Lyon on December 8th according to Céline?
a) The rain
b) The tourists
c) The installations of sound and light artists
d) The fireworks

4. Why does Valentine initially refuse Clara's proposition to move in with Céline?
a) Because she doesn't want to live in a shared apartment
b) Because she feels very comfortable at her place
c) Because she doesn't like Clara and

l'appartement de Clara et Céline
d) Parce qu'elle préfère vivre seule

5. Comment Clara décrit-elle sa chambre à Valentine ?
a) Petite mais confortable
b) Grande avec beaucoup de lumière
c) Avec une vue magnifique
d) Avec beaucoup d'espace de rangement

Céline's apartment
d) Because she prefers to live alone

5. How does Clara describe her room to Valentine?
a) Small but comfortable
b) Large with lots of light
c) With a magnificent view
d) With plenty of storage space

7. La fête des Lumières

En se réveillant, c'est Valentine qui prépare le café. Elle commence à **appréhender** la cuisine, la salle de bain, les fenêtres, l'espace de vie commun… Et elle pense qu'elle pourrait bien **se plaire** dans cet appartement. Les filles dorment encore, Valentine sort Scruffles et va chercher des croissants. Quand elle revient, elle se sent déjà chez elle. C'est décidé : elle va venir vivre avec Céline. Elle adore son appartement et son indépendance, mais elle n'a jamais tenté l'expérience de vivre avec une amie. La colocation a aussi du bon : partage des tâches ménagères, partage du loyer et des **factures**… Et puis, elle a du mal à se l'avouer, mais elle préfère aussi être entourée dans le cas où son histoire avec Valentin tournerait mal. Elle connaît bien Céline et elle est certaine que si elle a besoin de **soutien**, elle pourra compter sur elle.

Quand le café est prêt, Céline et Clara se réveillent doucement. Elles descendent en pyjama et découvrent le petit déjeuner tout prêt avec plaisir.

« Oh, merci Valentine ! dit Céline. Tu es un amour !

- Avec plaisir ! Mais ne va pas t'imaginer que j'irai chercher des croissants tous les matins, répond Valentine, avec un sourire.

- Alors c'est bon, tu vas habiter avec moi en **janvier** ? demande Céline, surprise.

- Oui ! dit Valentine, visiblement contente. J'envoie ma **dédite** dès aujourd'hui, si c'est bon pour toi. J'ai un mois de **préavis**, je peux venir dès la première semaine de janvier. »

Céline est aux anges : elle peut **effacer** ses annonces sur Internet et elle va arrêter de recevoir des appels. Et, surtout, elle va habiter avec une copine. Ayant déjà visité l'appartement de Valentine, elle ne se fait pas de **soucis** : son amie est ordonnée, de ce **point de vue**, elles semblent bien compatibles. Ce sera différent, mais certainement très sympa ! En tous cas, plus sûr que d'habiter avec un ou une **inconnue**. **Tout est bien qui finit bien** !

> **Appréhender** (verbe) : to take something in (in this context)
> **Se plaire** (verbe pronominal) : to take pleasure in, to enjoy
> **Facture** (f) (nom commun) : invoice, bill
> **Soutien** (m) (nom commun) : support, assistance
> **Janvier** (m) (nom commun) : January
> **Dédite** (f) (nom commun) : notice of termination
> **Préavis** (m) (nom commun) : notice, advance notice
> **Effacer** (verbe) : to erase, to delete
> **Souci** (m) (nom commun) : worry, concern
> **Point de vue** (m) (nom commun) : point of view
> **Inconnu** (adjectif) : unknown, stranger
> **Tout est bien qui finit bien** (expression) : all's well that ends well

La journée est une journée repos et **bavardage** pour les trois copines. Elles ont toutes du travail, mais elles décident de prendre une journée de pause. Elles passent la journée **entière** à discuter de tout et de rien, en cuisinant, en buvant du thé... Le soir, c'est le grand soir : le 8 décembre, la fête des Lumières.

Quand la nuit tombe enfin, Clara sort une dernière fois le petit chien pour qu'il s'endorme **calmement** pendant qu'elles sortiront à la découverte des rues illuminées de Lyon. Avant de partir, Céline allume des petits **lumignons** qu'elle place en ligne sur les **bords** de la fenêtre de leur **arrière-cour**. En ouvrant les fenêtres, elles se rendent compte que plusieurs voisins ont fait la même chose. Dans le calme de cette petite cour, la douce lumière qui s'élève des rebords de fenêtre éclaire faiblement, et c'est très joli. On dirait plein de

petites étoiles dans le noir. Pour **ajouter** à cet effet, les habitants éteignent intentionnellement la lumière de leurs salons. Clara est enchantée.

Le plateau de la Croix-Rousse est calme, mais on commence à voir la **foule** en descendant les pentes de la **colline** : de nombreux touristes et habitants se dirigent vers la Presqu'île. Du haut de la colline, on peut déjà voir de loin les bâtiments éclairés et les places bondées. Quand elles arrivent sur la place des Terreaux, c'est une révélation pour Clara : les **façades** de tous les bâtiments qui encadrent la grande place sont éclairées de **mille** couleurs. Même la **fontaine**. Une musique s'élève en rythme et les lumières bougent, pour former des décors et des histoires. C'est tout simplement merveilleux.

> **Bavardage** (m) (nom commun) : chatting, gossip
> **Entier** (adjectif) : whole
> **Calmement** (adverbe) : calmly
> **Lumignon** (m) (nom commun) : candle stub
> **Bord** (m) (nom commun) : edge, rim
> **Arrière-cour** (f) (nom commun) : backyard
> **Ajouter** (verbe) : to add
> **Foule** (f) (nom commun) : crowd
> **Colline** (f) (nom commun) : hill
> **Façade** (f) (nom commun) : facade, frontage
> **Mille** (adjectif) : thousand
> **Fontaine** (f) (nom commun) : fountain

Quand le spectacle se termine sur la place des Terreaux, les filles se dirigent lentement, avec la foule, en direction d'autres bâtiments emblématiques de Lyon : l'**église** Saint Nizier, **dont** la façade est éclairée en bleu et en vert, les lumières révélant chaque détail **sculpté**. Elles vont ensuite en direction de la place des Célestins, charmante petite place du théâtre du même nom. Un spectacle sur le thème des saisons illumine l'ensemble de la place. Les façades passent du vert au jaune, au blanc. Des **personnages** racontent la vie des habitants de cette place **tout au long de l'année**. Ensuite, elles traversent la Saône en direction de la place Saint Jean, où la très belle cathédrale Saint Jean est érigée. C'est le **clou** du spectacle. Clara insiste pour rester plus d'une demi-heure : une musique médiévale accompagne un spectacle de lumière qui révèle les **beautés** architecturales de la cathédrale tout en racontant son histoire au fil des siècles.

Quand elles ont fait le tour, les trois amies décident d'aller à la Migraine, à

Saint Paul, pour boire une bière avant de rentrer. **Par chance**, elles trouvent une place à l'intérieur. Clara n'a jamais vu Lyon aussi chargé : il y a des touristes du monde entier, des Anglais, des Allemands et des Espagnols, mais aussi des Japonais, des Chinois et des Américains ! En plus de tous ces touristes, de très nombreux **habitants** de Lyon et sa région. L'ambiance est très chouette, mais, c'est vrai, un peu trop chargée. Après une ou deux bières et quelques discussions plus tard, les trois amies se décident à rentrer. Valentine retourne chez elle, où Valentin a promis de la rejoindre un peu plus tard dans la soirée. Avant qu'il arrive, elle écrit sa lettre de dédite pour son **propriétaire**, et commence à envisager son déménagement.

De leur côté, Clara et Céline rentrent tranquillement, faisant des détours par les petites rues plus calmes que les grands axes. Quand elles arrivent, Scruffles ronfle comme un ogre. C'est, tout de même, **incroyable**, qu'une si petite bête puisse faire autant de bruit en dormant. Clara le regarde tendrement, lui **flatte** le dessus de la tête avant d'aller faire sa toilette et d'aller se coucher. Encore une journée exceptionnelle à Lyon. Cette ville va lui manquer terriblement.

Église (f) (nom commun) : church
Dont (pronom) : of which, whose
Sculpté (adjectif) : carved
Personnage (m) (nom commun) : character, person
Tout au long de l'année (locution adverbiale) : all year long
Clou (m) (nom commun) : climax, highlight (in this context)
Beauté (f) (nom commun) : beauty
Par chance (locution adverbiale) : luckily, by chance
Habitant (m) (nom commun) : inhabitant, resident
Propriétaire (m/f) (nom commun) : owner, homeowner
Incroyable (adjectif) : incredible, unbelievable
Flatter (verbe) : to stroke (in this context)

Questions (Chapitre 7)

1. Pourquoi Valentine décide-t-elle de venir vivre avec Céline ? (Plusieurs réponses possibles)
a) Parce qu'elle veut partager les tâches ménagères
b) Parce qu'elle veut être entourée en cas de problème avec Valentin
c) Parce qu'elle n'a jamais eu l'expérience de vivre avec une amie
d) Parce qu'elle veut économiser sur le loyer et les factures

2. Pourquoi Céline est-elle aux anges ?
a) Parce qu'elle peut effacer ses annonces sur Internet
b) Parce qu'elle va arrêter de recevoir des appels
c) Parce qu'elle va habiter avec une copine
d) Toutes les réponses précédentes

3. Que font Clara et Céline avant de sortir pour la fête des Lumières ?
a) Elles allument des lumignons et les placent sur les rebords de fenêtre
b) Elles cuisinent un repas spécial pour la fête
c) Elles promènent le petit chien dans les rues illuminées
d) Elles préparent des décorations lumineuses pour la soirée

4. Quelle est la réaction de Clara lorsqu'elle arrive sur la place des Terreaux ?
a) Elle est déçue par l'absence d'éclairage
b) Elle est surprise par la musique rythmique qui joue
c) Elle est enchantée par les façades des bâtiments éclairées de mille couleurs
d) Elle est effrayée par la foule de touristes et d'habitants

5. Quel est le clou du spectacle lors de la visite des filles à Lyon ?
a) La place des Célestins
b) L'église Saint Nizier
c) La cathédrale Saint Jean
d) La Migraine à Saint Paul

7. La fête des Lumières

En se réveillant, c'est Valentine qui prépare le café. Elle commence à appréhender la cuisine, la salle de bain, les fenêtres, l'espace de vie commun... Et elle pense qu'elle pourrait bien se plaire dans cet appartement. Les filles dorment encore, Valentine sort Scruffles et va chercher des croissants. Quand elle revient, elle se sent déjà chez elle. C'est décidé : elle va venir vivre avec Céline. Elle adore son appartement et son indépendance, mais elle n'a jamais tenté l'expérience de vivre avec une amie. La colocation a aussi du bon : partage des tâches ménagères, partage du loyer et des factures... Et puis, elle a du mal à se l'avouer, mais elle préfère aussi être entourée dans le cas où son histoire avec Valentin tournerait mal. Elle connaît bien Céline et elle est certaine que si elle a besoin de soutien, elle pourra compter sur elle.

Quand le café est prêt, Céline et Clara se réveillent doucement. Elles descendent en pyjama et découvrent le petit déjeuner tout prêt avec plaisir.

« Oh, merci Valentine ! dit Céline. Tu es un amour !

- Avec plaisir ! Mais ne va pas t'imaginer que j'irai chercher des croissants tous les matins, répond Valentine, avec un sourire.

7. The Festival of Lights

When she wakes up, it's Valentine making the coffee. She's starting to get the hang of the kitchen, the bathroom, the windows, the shared living space... And she thinks she just might like it here. The girls are still asleep, and Valentine takes Scruffles out to get some croissants. When she returns, she already feels at home: it's decided: she's coming to live with Céline. She loves her apartment and her independence, but she's never tried living with a friend. Sharing a flat also has its advantages: sharing household chores, rent and bills... Besides, she doesn't like to admit it to herself, but she also prefers to be surrounded in case her relationship with Valentin turns sour. She knows Céline well, and is sure that if she needs support, she can count on her.

When the coffee's ready, Céline and Clara wake up slowly. They go downstairs in their pyjamas and discover breakfast ready and waiting.

"Oh, thank you, Valentine! says Céline. You're such a sweetheart!

- My pleasure! But don't expect me to buy croissants every morning, replies Valentine, with a smile.

- Alors c'est bon, tu vas habiter avec moi en janvier ? demande Céline, surprise.

- Oui ! dit Valentine, visiblement contente. J'envoie ma dédite dès aujourd'hui, si c'est bon pour toi. J'ai un mois de préavis, je peux venir dès la première semaine de janvier. »

Céline est aux anges : elle peut effacer ses annonces sur Internet et elle va arrêter de recevoir des appels. Et, surtout, elle va habiter avec une copine. Ayant déjà visité l'appartement de Valentine, elle ne se fait pas de soucis : son amie est ordonnée, de ce point de vue, elles semblent bien compatibles. Ce sera différent, mais certainement très sympa ! En tous cas, plus sûr que d'habiter avec un ou une inconnue. Tout est bien qui finit bien !

La journée est une journée repos et bavardage pour les trois copines. Elles ont toutes du travail, mais elles décident de prendre une journée de pause. Elles passent la journée entière à discuter de tout et de rien, en cuisinant, en buvant du thé… Le soir, c'est le grand soir : le 8 décembre, la fête des Lumières.

Quand la nuit tombe enfin, Clara sort une dernière fois le petit chien pour qu'il s'endorme calmement pendant qu'elles sortiront à la découverte des rues illuminées de Lyon. Avant de partir, Céline allume des petits

- So, you're coming to live with me in January? asks a surprised Céline.

- Yes! says Valentine, visibly pleased. I'll send in my notice today, if that's okay with you. I've got a month's notice, so I can come as early as the first week of January."

Céline is ecstatic: she can delete her Internet ads and she'll stop receiving calls. And, best of all, she'll be living with a girlfriend. Having already visited Valentine's apartment, she's not worried: her friend is tidy, and from that point of view, they seem a good match. It'll be different, but certainly fun! In any case, safer than living with a stranger. All's well that ends well!

Today is a day of rest and chat for the three girlfriends. They all have work to do, but decide to take a day off. They spend the whole day talking about everything and anything, cooking, drinking tea… In the evening, it's the big night: December 8, the Festival of Lights.

When night finally falls, Clara takes the little dog out one last time to put him to sleep peacefully, while they go out to explore the illuminated streets of Lyon. Before leaving, Céline lights up little luminous candles and places

lumignons qu'elle place en ligne sur les bords de la fenêtre de leur arrière-cour. En ouvrant les fenêtres, elles se rendent compte que plusieurs voisins ont fait la même chose. Dans le calme de cette petite cour, la douce lumière qui s'élève des rebords de fenêtre éclaire faiblement, et c'est très joli. On dirait plein de petites étoiles dans le noir. Pour ajouter à cet effet, les habitants éteignent intentionnellement la lumière de leurs salons. Clara est enchantée.

Le plateau de la Croix-Rousse est calme, mais on commence à voir la foule en descendant les pentes de la colline : de nombreux touristes et habitants se dirigent vers la Presqu'île. Du haut de la colline, on peut déjà voir de loin les bâtiments éclairés et les places bondées. Quand elles arrivent sur la place des Terreaux, c'est une révélation pour Clara : les façades de tous les bâtiments qui encadrent la grande place sont éclairées de mille couleurs. Même la fontaine. Une musique s'élève en rythme et les lumières bougent, pour former des décors et des histoires. C'est tout simplement merveilleux.

Quand le spectacle se termine sur la place des Terreaux, les filles se dirigent lentement, avec la foule, en direction d'autres bâtiments emblématiques de Lyon : l'église Saint Nizier, dont la façade est éclairée en bleu et en vert, les lumières révélant chaque détail sculpté. Elles vont

them in a line on the window sills of their backyard. When they open the windows, they realize that several neighbors have done the same. In the quiet of this little courtyard, the soft light that rises from the window sills shines faintly, and it's very pretty. It looks like lots of little stars in the dark. To add to this effect, the inhabitants intentionally turn off the lights in their living rooms. Clara is delighted.

The Croix-Rousse plateau is quiet, but you start to see the crowds as you descend the slopes of the hill: many tourists and locals are heading for the Presqu'île. From the top of the hill, you can already see the illuminated buildings and crowded squares in the distance. When they arrive at the Place des Terreaux, it's a revelation for Clara: the facades of all the buildings framing the large square are lit up in a thousand colors. Even the fountain. Music swells to the beat and the lights move, forming backdrops and stories. It's simply wonderful.

When the show ends on the Place des Terreaux, the girls slowly make their way, along with the crowd, towards other emblematic Lyon buildings: the Church of Saint Nizier, whose façade is lit up in blue and green, the lights revealing every sculpted detail. They then head for the Place

ensuite en direction de la place des Célestins, charmante petite place du théâtre du même nom. Un spectacle sur le thème des saisons illumine l'ensemble de la place. Les façades passent du vert au jaune, au blanc. Des personnages racontent la vie des habitants de cette place tout au long de l'année. Ensuite, elles traversent la Saône en direction de la place Saint Jean, où la très belle cathédrale Saint Jean est érigée. C'est le clou du spectacle. Clara insiste pour rester plus d'une demi-heure : une musique médiévale accompagne un spectacle de lumière qui révèle les beautés architecturales de la cathédrale tout en racontant son histoire au fil des siècles.

Quand elles ont fait le tour, les trois amies décident d'aller à la Migraine, à Saint Paul, pour boire une bière avant de rentrer. Par chance, elles trouvent une place à l'intérieur. Clara n'a jamais vu Lyon aussi chargé : il y a des touristes du monde entier, des Anglais, des Allemands et des Espagnols, mais aussi des Japonais, des Chinois et des Américains ! En plus de tous ces touristes, de très nombreux habitants de Lyon et sa région. L'ambiance est très chouette, mais, c'est vrai, un peu trop chargée. Après une ou deux bières et quelques discussions plus tard, les trois amies se décident à rentrer. Valentine retourne chez elle, où Valentin a promis de la rejoindre un peu plus tard dans la soirée. Avant qu'il arrive,

des Célestins, the charming little square in front of the theater of the same name. A show on the theme of the seasons illuminates the entire square. Facades change from green to yellow to white. Characters recount the lives of the square's inhabitants throughout the year. Next, they cross the Saône towards Place Saint Jean, where the beautiful cathedral of Saint Jean stands. It's the highlight of the show. Clara insists on staying for more than half an hour: medieval music accompanies a light show that reveals the cathedral's architectural beauties while recounting its history over the centuries.

When they've done their rounds, the three friends decide to go to La Migraine, in Saint Paul, for a beer before heading home. Luckily, they find a seat inside. Clara has never seen Lyon so busy: there are tourists from all over the world, not only English, Germans and Spaniards, but also Japanese, Chinese and Americans! In addition to all these tourists, there are a great many locals from Lyon and the surrounding area. The atmosphere is great, but admittedly a little crowded. After a couple of beers and a bit of chatting, the three friends decide to head home. Valentine returns home, where Valentin has promised to meet her later that evening. Before he arrives, she writes her letter of resignation

elle écrit sa lettre de dédite pour son propriétaire, et commence à envisager son déménagement.	to her landlord, and starts thinking about moving out.
De leur côté, Clara et Céline rentrent tranquillement, faisant des détours par les petites rues plus calmes que les grands axes. Quand elles arrivent, Scruffles ronfle comme un ogre. C'est, tout de même, incroyable, qu'une si petite bête puisse faire autant de bruit en dormant. Clara le regarde tendrement, lui flatte le dessus de la tête avant d'aller faire sa toilette et d'aller se coucher. Encore une journée exceptionnelle à Lyon. Cette ville va lui manquer terriblement.	For their part, Clara and Céline make their way home quietly, taking detours through small streets that are quieter than the main thoroughfares. When they arrive, Scruffles is snoring like an ogre. It's incredible, really, that such a little beast can make so much noise in his sleep. Clara looks at him tenderly, pats the top of his head and then goes to bed. Another exceptional day in Lyon. She's going to miss this city terribly.

Questions (Chapitre 7)	Questions (Chapter 7)
1. Pourquoi Valentine décide-t-elle de venir vivre avec Céline ? (Plusieurs réponses possibles)	1. Why does Valentine decide to come live with Céline? (Multiple answers possible)
a) Parce qu'elle veut partager les tâches ménagères	a) Because she wants to share household chores
b) Parce qu'elle veut être entourée en cas de problème avec Valentin	b) Because she wants to be surrounded in case of problems with Valentin
c) Parce qu'elle n'a jamais eu l'expérience de vivre avec une amie	c) Because she has never experienced living with a friend
d) Parce qu'elle veut économiser sur le loyer et les factures	d) Because she wants to save on rent and bills

2. Pourquoi Céline est-elle aux anges ?
a) Parce qu'elle peut effacer ses annonces sur Internet
b) Parce qu'elle va arrêter de recevoir des appels
c) Parce qu'elle va habiter avec une copine
d) Toutes les réponses précédentes

2. Why is Céline over the moon?
a) Because she can delete her online ads
b) Because she will stop receiving calls
c) Because she will live with a friend
d) All of the above

3. Que font Clara et Céline avant de sortir pour la fête des Lumières ?
a) Elles allument des lumignons et les placent sur les rebords de fenêtre
b) Elles cuisinent un repas spécial pour la fête
c) Elles promènent le petit chien dans les rues illuminées
d) Elles préparent des décorations lumineuses pour la soirée

3. What do Clara and Céline do before going out for the Festival of Lights?
a) They light candles and place them on the windowsills
b) They cook a special meal for the festival
c) They walk the little dog in the illuminated streets
d) They prepare luminous decorations for the evening

4. Quelle est la réaction de Clara lorsqu'elle arrive sur la place des Terreaux ?

4. What is Clara's reaction when she arrives at Place des Terreaux?
a) She is disappointed by the lack of

a) Elle est déçue par l'absence d'éclairage	a) She is disappointed by the absence of lighting
b) Elle est surprise par la musique rythmique qui joue	b) She is surprised by the rhythmical music playing
c) Elle est enchantée par les façades des bâtiments éclairées de mille couleurs	c) She is enchanted by the facades of the buildings lit up in a thousand colors
d) Elle est effrayée par la foule de touristes et d'habitants	d) She is frightened by the crowd of tourists and locals

5. Quel est le clou du spectacle lors de la visite des filles à Lyon ?
a) La place des Célestins
b) L'église Saint Nizier
c) La cathédrale Saint Jean
d) La Migraine à Saint Paul

5. What is the highlight of the show during the girls' visit to Lyon?
a) Place des Célestins
b) Saint Nizier Church
c) Saint Jean Cathedral
d) La Migraine in Saint Paul

8. Préparatifs de Noël

Clara n'a pas vraiment le temps de penser : le mois de décembre avance, et Noël approche. Il lui faut trouver des **cadeaux** de Noël pour sa **famille d'adoption**, pour ses amis, et bien sûr pour sa famille aux États-Unis. Elle décide de commencer sans plus attendre, **afin de** s'éviter la foule des magasins juste avant Noël. **C'est peine perdue**, car les magasins sont déjà pleins à craquer. Mais Céline lui assure que c'est tout de même **moins pire** qu'une semaine avant Noël.

Il n'est jamais facile de trouver des idées de cadeaux satisfaisantes. Clara ne fait pas exception ; elle n'a aucune idée de quoi **rapporter** aux États-Unis, et elle est très inquiète des cadeaux qu'elle trouvera pour Adam, les parents de Céline et Mattéo. Elle se charge d'abord de trouver un petit cadeau pour Scruffles, un **os** à ronger, ce qui lui donne l'impression d'avoir avancé dans sa liste. Puis, chaque jour, après la fac et avant son tutorat, elle rentre à pied par les rues commerçantes de Lyon. Quelques fois, Valentine ou Céline la rejoignent, soit pour **flâner**, soit pour chercher elles aussi la **perle** rare à offrir à leurs proches pour Noël.

Céline n'a aucun mal : des livres pour ses parents, une raquette de tennis **flambant** neuve pour Christophe, un jeu pour son petit frère. Valentine, elle,

achète quelques bandes dessinées et quelques jeux de société pour sa famille et ses amis. Mais Clara voudrait être plus originale, offrir des cadeaux plus personnels à ces gens qui l'ont si **chaleureusement** accueillie, comme si elle faisait partie de la famille **depuis toujours**.

Cadeau (m) (nom commun) : gift, present
Famille d'adoption (f) (nom commun) : adoptive family, foster family
Afin de (locution prépositionnel) : in order to
C'est peine perdue (expression) : it's a lost cause
Moins pire (locution adverbiale) : less bad, not as bad as [sth]
Rapporter (verbe) : to bring [sth] back
Os (m) (nom commun) : bone
Flâner (verbe) : to stroll, to wander
Perle (f) (nom commun) : pearl
Flambant (adjectif) : brand new, radiant
Chaleureusement (adverbe) : warmly
Depuis toujours (locution adverbiale) : always

Au bout d'une semaine, elle commence à faire des listes et à **supprimer** ce qui ne lui convient pas. Elle finit par trouver son bonheur dans les vêtements. Ce sera une belle écharpe en **soie** pour Florence, la mère de Céline, un **chapeau** pour Patrick, son père. Elle se dit que les habits sont des choses que l'on garde avec une certaine valeur affective : « Ah, ce chapeau ? Oui, très beau en effet, c'est Clara qui me l'a offert. » Clara est certaine de son coup. Pour Mattéo, elle achète un hoodie un peu trop grand pour lui : c'est la **mode** chez les adolescents. Et enfin, pour son amie Céline, elle trouve le plus joli des petits pulls, bleu clair, **à mailles larges**, avec un **fil** argenté mêlé au fil bleuté. Un peu tombant aux épaules, avec son **col** bateau, elle l'adore. Elle a même du mal à ne pas le garder pour elle-même ! Les plus jolis cadeaux sont souvent ceux que l'on aurait pu acheter pour soi-même.

Pour sa famille, c'est un peu plus facile. Elle se décide sur une grande anthologie de la cuisine française pour son père et sa mère. Le livre est **lourd**, mais il a de superbes photos, et toutes les recettes qu'elle a tant aimées lors de son séjour en France. Elle rapportera aussi des spécialités lyonnaises : des chocolats, les Coussins de Lyon, des pralines et deux bouteilles de Côte du Rhône.

C'est Adam qui lui **donne** le plus **de fils à retordre**. Elle voudrait quelque chose qu'il garde mais aussi qui lui **donne envie** de la revoir. Elle mettra

deux semaines à trouver son bonheur. Finalement, elle décide de lui offrir une boîte avec plusieurs petites choses : un livre qu'elle a beaucoup aimé, des chocolats, un **abonnement** de 10 places au cinéma d'Antibes, une chemise élégante, un **nœud papillon** et des bonbons. Elle referme la boîte avec beaucoup d'amour ; elle espère qu'il l'ouvrira avec le même sentiment.

Supprimer (verbe) : to delete, to remove
Soie (f) (nom commun) : silk
Chapeau (m) (nom commun) : hat
Mode (f) (nom commun) : fashion, trend
À larges mailles (expression) : with large stitches, wide-knit
Fil (m) (nom commun) : thread, yarn
Col (m) (nom commun) : neckline
Lourd (adjectif) : heavy
Donner du fil à retordre (locution verbale) : to give [sb] a hard time
Donner envie (locution verbale) : to make [sb] want the same
Abonnement (m) (nom commun) : subscription
Nœud papillon (m) (nom commun) : bow tie

Ouf ! C'est fini. Pour fêter ça, Clara décide de se faire un petit plaisir, rien que pour elle. Elle se rend dans une **bijouterie** et choisit un bracelet en **argent** très fin et élégant. Voilà ! Elle se rend aussi dans un café pour bouquiner en attendant la fin de la journée. Puis elle rentre, sous la pluie, tranquillement, regardant autour d'elle les passants qui **se pressent** sous leurs parapluies entre les boutiques de Noël et leurs maisons.

Il semble que, dans la famille, chacun a préparé les cadeaux de Noël. Les filles ont aussi acheté un petit **sapin** pour décorer leur appartement. Elles ont fait elles-mêmes les décorations en papier et en **pâte à sel**. Elles ont ajouté quelques lumières, des bougies et des petits **lutins de Noël** un peu partout dans l'appartement. Céline trouve que c'est un peu « too much, » mais Clara adore cette ambiance chaleureuse de fin d'année. Cette atmosphère lui rappelle cependant qu'il va falloir commencer à **vider** sa chambre et à préparer ses valises... Elle a déjà commencé à laver ses vêtements et à préparer ce qu'elle peut déjà mettre dans ses valises : ses vêtements d'été, quelques livres, quelques **bibelots**, quelques souvenirs, les cadeaux de Noël.

Quand Céline voit la valise dans la chambre de son amie, elle fond en larmes : c'est difficile, mais il va falloir se dire au revoir bientôt. Il reste encore Noël ! Les filles proposent à la famille de Céline de préparer le dessert pour le dîner

de Noël. Elles cherchent **longuement** une idée. Finalement, elles feront une terrine d'**agrumes** et un gâteau au chocolat et à la crème de marron accompagné de **crème fouettée**.

À la fin de la semaine, déjà, Noël arrive. La famille va **se réunir** dans l'appartement familial, avec les frères de Céline, sa petite nièce Marie, et, bien sûr, le bel Adam, qui arrive très bientôt.

Bijouterie (f) (nom commun) : jewelry store
Argent (adjectif) : silver
Se presser (verbe pronominal) : to hurry, to rush
Sapin (m) (nom commun) : Christmas tree
Pâte à sel (f) (nom commun) : salt dough
Lutin de Noël (m) (nom commun) : Christmas elf
Vider (verbe) : to empty, to clear out
Bibelot (m) (nom commun) : trinket, ornament
Longuement (adverbe) : for a long time
Agrume (m) (nom commun) : citrus fruit
Crème fouettée (f) (nom commun) : whipped cream
Se réunir (verbe pronominal) : to get together

Questions (Chapitre 8)

1. Pourquoi Clara décide-t-elle de commencer ses achats de Noël sans attendre ?
a) Pour éviter la foule des magasins juste avant Noël
b) Parce qu'elle adore faire du shopping
c) Parce que Céline lui a dit que c'était une bonne idée
d) Pour trouver des cadeaux plus originaux

2. Quel cadeau Clara achète-t-elle en premier ?
a) Un jeu de société
b) Une raquette de tennis
c) Un os à ronger pour Scruffles
d) Des bandes dessinées

3. Quel cadeau Clara décide-t-elle d'acheter pour sa mère ?
a) Un hoodie
b) Une écharpe en soie
c) Un livre de cuisine française
d) Des chocolats

4. Que met Clara dans la boîte qu'elle offre à Adam ?
a) Un livre qu'elle a beaucoup aimé
b) Des chocolats
c) Un abonnement de 10 places au cinéma d'Antibes
d) Toutes les réponses précédentes

5. Que préparent Clara et Céline pour le dessert du dîner de Noël ?
a) Une tarte aux pommes
b) Une terrine d'agrumes
c) Un gâteau aux carottes
d) Des biscuits au chocolat

8. Préparatifs de Noël

Clara n'a pas vraiment le temps de penser : le mois de décembre avance, et Noël approche. Il lui faut trouver des cadeaux de Noël pour sa famille d'adoption, pour ses amis, et bien sûr pour sa famille aux États-Unis. Elle décide de commencer sans plus attendre, afin de s'éviter la foule des magasins juste avant Noël. C'est peine perdue, car les magasins sont déjà pleins à craquer. Mais Céline lui assure que c'est tout de même moins pire qu'une semaine avant Noël.

Il n'est jamais facile de trouver des idées de cadeaux satisfaisantes. Clara ne fait pas exception ; elle n'a aucune idée de quoi rapporter aux États-Unis, et elle est très inquiète des cadeaux qu'elle trouvera pour Adam, les parents de Céline et Mattéo. Elle se charge d'abord de trouver un petit cadeau pour Scruffles, un os à ronger, ce qui lui donne l'impression d'avoir avancé dans sa liste. Puis, chaque jour, après la fac et avant son tutorat, elle rentre à pied par les rues commerçantes de Lyon. Quelques fois, Valentine ou Céline la rejoignent, soit pour flâner, soit pour chercher elles aussi la perle rare à offrir à leurs proches pour Noël.

Céline n'a aucun mal : des livres pour ses parents, une raquette de tennis flambant neuve pour Christophe, un jeu pour son petit frère. Valentine, elle, achète quelques bandes

dessinées et quelques jeux de société pour sa famille et ses amis. Mais Clara voudrait être plus originale, offrir des cadeaux plus personnels à ces gens qui l'ont si chaleureusement accueillie, comme si elle faisait partie de la famille depuis toujours.

Au bout d'une semaine, elle commence à faire des listes et à supprimer ce qui ne lui convient pas. Elle finit par trouver son bonheur dans les vêtements. Ce sera une belle écharpe en soie pour Florence, la mère de Céline, un chapeau pour Patrick, son père. Elle se dit que les habits sont des choses que l'on garde avec une certaine valeur affective : « Ah, ce chapeau ? Oui, très beau en effet, c'est Clara qui me l'a offert. » Clara est certaine de son coup. Pour Mattéo, elle achète un hoodie un peu trop grand pour lui : c'est la mode chez les adolescents. Et enfin, pour son amie Céline, elle trouve le plus joli des petits pulls, bleu clair, à mailles larges, avec un fil argenté mêlé au fil bleuté. Un peu tombant aux épaules, avec son col bateau, elle l'adore. Elle a même du mal à ne pas le garder pour elle-même ! Les plus jolis cadeaux sont souvent ceux que l'on aurait pu acheter pour soi-même.

Pour sa famille, c'est un peu plus facile. Elle se décide sur une grande anthologie de la cuisine française pour son père et sa mère. Le livre est lourd, mais il a de superbes photos, et toutes les recettes qu'elle

and friends. But Clara would like to be more original, to give more personal gifts to these people who have welcomed her so warmly, as if she had always been part of the family.

After a week, she starts to make lists and delete the things that don't suit her. Eventually, she found what she was looking for in the clothes. A beautiful silk scarf for Florence, Céline's mother, and a hat for Patrick, her father. She says to herself that clothes are things we keep with a certain affective value: "Ah, this hat? Yes, very nice indeed, Clara gave it to me." Clara is sure of her move. For Mattéo, she buys a hoodie that's a little too big for him: it's fashionable for teenagers. And finally, for her friend Céline, she finds the prettiest little sweater, light blue, wide-knit, with silver thread mixed with bluish thread. With its boat neck, it falls a little to the shoulders, and she loves it. She even finds it hard not to keep it for herself! The prettiest gifts are often those you could have bought for yourself.

For her family, it's a little easier. She decided on a large anthology of French cuisine for her mother and father. The book is heavy, but it has superb photos, and all the recipes she loved so much during her stay in

a tant aimées lors de son séjour en France. Elle rapportera aussi des spécialités lyonnaises : des chocolats, les Coussins de Lyon, des pralines et deux bouteilles de Côte du Rhône.

C'est Adam qui lui donne le plus de fils à retordre. Elle voudrait quelque chose qu'il garde mais aussi qui lui donne envie de la revoir. Elle mettra deux semaines à trouver son bonheur. Finalement, elle décide de lui offrir une boîte avec plusieurs petites choses : un livre qu'elle a beaucoup aimé, des chocolats, un abonnement de 10 places au cinéma d'Antibes, une chemise élégante, un nœud papillon et des bonbons. Elle referme la boîte avec beaucoup d'amour ; elle espère qu'il l'ouvrira avec le même sentiment.

Ouf ! C'est fini. Pour fêter ça, Clara décide de se faire un petit plaisir, rien que pour elle. Elle se rend dans une bijouterie et choisit un bracelet en argent très fin et élégant. Voilà ! Elle se rend aussi dans un café pour bouquiner en attendant la fin de la journée. Puis elle rentre, sous la pluie, tranquillement, regardant autour d'elle les passants qui se pressent sous leurs parapluies entre les boutiques de Noël et leurs maisons.

Il semble que, dans la famille, chacun a préparé les cadeaux de Noël. Les filles ont aussi acheté un petit sapin pour décorer leur appartement. Elles ont fait elles-mêmes les décorations

France. She will also bring back some specialties from Lyon: chocolates, cushions from Lyon, pralines and two bottles of Côte du Rhône.

It's Adam who gives her the most trouble. She wanted something he could keep, but also something that would make him want to see her again. It took her two weeks to find what she was looking for. Finally, she decides to give him a box with several little things: a book she really liked, chocolates, a 10-seat pass to the Antibes cinema, a smart shirt, a bow tie and some sweets. She closes the box with a lot of love; she hopes he'll open it with the same feeling.

Phew! It's all over. To celebrate, Clara decides to treat herself. She goes to a jewelry store and chooses a very fine, elegant silver bracelet. Voilà! She also goes to a café to read a book while she waits for the day to end. Then she returns home, in the rain, quietly, looking around at the passers-by hurrying under their umbrellas between the Christmas stores and their houses.

It seems that everyone in the family has prepared Christmas presents. The girls also bought a small tree to decorate their apartment. They made the decorations themselves from

en papier et en pâte à sel. Elles ont ajouté quelques lumières, des bougies et des petits lutins de Noël un peu partout dans l'appartement. Céline trouve que c'est un peu « too much, » mais Clara adore cette ambiance chaleureuse de fin d'année. Cette atmosphère lui rappelle cependant qu'il va falloir commencer à vider sa chambre et à préparer ses valises... Elle a déjà commencé à laver ses vêtements et à préparer ce qu'elle peut déjà mettre dans ses valises : ses vêtements d'été, quelques livres, quelques bibelots, quelques souvenirs, les cadeaux de Noël.

Quand Céline voit la valise dans la chambre de son amie, elle fond en larmes : c'est difficile, mais il va falloir se dire au revoir bientôt. Il reste encore Noël ! Les filles proposent à la famille de Céline de préparer le dessert pour le dîner de Noël. Elles cherchent longuement une idée. Finalement, elles feront une terrine d'agrumes et un gâteau au chocolat et à la crème de marron accompagné de crème fouettée.

À la fin de la semaine, déjà, Noël arrive. La famille va se réunir dans l'appartement familial, avec les frères de Céline, sa petite nièce Marie, et, bien sûr, le bel Adam, qui arrive très bientôt.

paper and salt dough. They added lights, candles and little Christmas elves all over the apartment. Céline thinks it's a bit "too much," but Clara loves the warm, end-of-year atmosphere. The atmosphere reminds her, however, that it's time to start clearing out her room and packing her bags... She has already started to wash her clothes and prepare what she can already fit into her suitcases: her summer clothes, a few books, a few knick-knacks, a few souvenirs, her Christmas presents.

When Céline sees the suitcase in her friend's room, she bursts into tears: it's hard, but we'll have to say goodbye soon. There's still Christmas! The girls suggest that Céline's family prepare dessert for Christmas dinner. They search long and hard for an idea. In the end, they decide on a citrus terrine and a chocolate and chestnut cream cake with whipped cream.

By the end of the week, Christmas is already upon us. The family reunites in the family apartment, with Céline's brothers, her little niece Marie, and, of course, handsome Adam, who arrives very soon.

Questions (Chapitre 8)

1. Pourquoi Clara décide-t-elle de commencer ses achats de Noël sans attendre ?
a) Pour éviter la foule des magasins juste avant Noël
b) Parce qu'elle adore faire du shopping
c) Parce que Céline lui a dit que c'était une bonne idée
d) Pour trouver des cadeaux plus originaux

2. Quel cadeau Clara achète-t-elle en premier ?
a) Un jeu de société
b) Une raquette de tennis
c) Un os à ronger pour Scruffles
d) Des bandes dessinées

3. Quel cadeau Clara décide-t-elle d'acheter pour sa mère ?
a) Un hoodie
b) Une écharpe en soie
c) Un livre de cuisine française
d) Des chocolats

4. Que met Clara dans la boîte qu'elle offre à Adam ?
a) Un livre qu'elle a beaucoup aimé
b) Des chocolats
c) Un abonnement de 10 places au cinéma d'Antibes
d) Toutes les réponses précédentes

5. Que préparent Clara et Céline pour le dessert du dîner de Noël ?
a) Une tarte aux pommes
b) Une terrine d'agrumes

Questions (Chapter 8)

1. Why does Clara decide to start her Christmas shopping without waiting?
a) To avoid the crowds in stores just before Christmas
b) Because she loves shopping
c) Because Céline told her it was a good idea
d) To find more original gifts

2. What gift does Clara buy first?
a) A board game
b) A tennis racket
c) A chew bone for Scruffles
d) Comic books

3. What gift does Clara decide to buy for her mother?
a) A hoodie
b) A silk scarf
c) A French cookbook
d) Chocolates

4. What does Clara put in the box she gives to Adam?
a) A book she really liked
b) Chocolates
c) A 10-ticket cinema subscription in Antibes
d) All of the above

5. What will Clara and Céline prepare for the Christmas dinner dessert?
a) An apple pie

c) Un gâteau aux carottes
d) Des biscuits au chocolat

b) A citrus terrine
c) A carrot cake
d) Chocolate biscuits

9. Noël en famille

C'est la veille de Noël, la ville est calme, tout le monde s'affaire à l'intérieur, dans les cuisines et dans les salons, pour préparer le repas, **empaqueter** les derniers cadeaux, décorer les tables, s'habiller, se maquiller... Et, quelle chance : il **neige** ! Clara regarde les **flocons** tomber par la fenêtre. Quelques centimètres de neige se sont accumulés au sol pendant la nuit, et les bruits de la ville en sont réduits, comme étouffés. L'atmosphère est presque **féérique**.

« Oh, **quelle rase** ! ronchonne Céline. Ça va glisser sur les pentes de la Croix-Rousse et la neige va être toute noire **en un rien de temps** !

- Eh bah, Céline, quel optimisme ! **ironise** Clara. Regarde plutôt comme c'est beau : c'est Noël ! On a de la chance, voyons. »

Céline rit et **admet**, oui, c'est joli. C'est **pénible**, mais c'est joli. Céline n'aime pas le froid, ni la neige. Clara n'aime pas avoir froid non plus, mais elle **s'émeut** de la beauté du paysage. Et puis, Adam est arrivé. Il est chez les parents de Céline ce matin, il a promis d'aider à cuisiner la **dinde** farcie aux marrons, **plat** traditionnel. La mère de Céline a également prévu un gratin de cardons.

Empaqueter (verbe) : to wrap, to bundle
Neiger (verbe) : to snow
Flocon (m) (nom commun) : snowflake
Féérique (adjectif) : magical, enchanting
Quelle rase ! (expression) : what a bore!
En un rien de temps (locution adverbiale) : in no time at all
Ironiser (verbe) : to say [sth] ironically
Admettre (verbe) : to admit
Pénible (adjectif) : hard, difficult
S'émouvoir (verbe pronominal) : to be moved, to be touched
Dinde (f) (nom commun) : turkey
Plat (m) (nom commun) : dish, plate

Céline, elle, s'affaire dans la cuisine pour finaliser le dessert. Ça **sent** bon le chocolat et les fruits fraîchement coupés. Clara, de son côté, **fignole** ses cadeaux et sa tenue de Noël. Elle prépare aussi Scruffles : un coup de brosse et un **collier** spécial pour l'occasion, pas de raison qu'il ne soit pas un peu élégant, lui aussi ! Elle **taille** sa moustache, son museau, autour de ses yeux, et égalise sa **fourrure** autour des oreilles. Voilà : le chien est tout beau.

Quand elles se sentent prêtes, en début d'après-midi, les filles se rendent enfin chez les parents de Céline. Sur le chemin, la neige **s'avère** en effet très glissante. Clara et Céline manquent de tomber plus d'une fois, mais tiennent le coup, **tandis que** Scruffles, tout surpris, essaye de manger la neige. C'est la première fois qu'il en voit et il ne veut que jouer et courir ! Clara s'inquiète pour sa jolie fourrure, toute **trempée** par la neige fondue. Heureusement, elle a pris la **brosse**. Un petit coup de séchage et de brosse en arrivant et il devrait être à nouveau présentable.

Tout le monde est là : Adam, les frères de Céline, sa belle-sœur, sa petite nièce Marie, toujours aussi mignonne, les parents... Clara est très **émue**. L'appartement est très joliment décoré : des fleurs un peu partout, des roses de Noël – fleurs d'un rose pâle qui fleurissent en hiver, très délicates, les fleurs préférées de Céline. Il y a aussi une couronne de **houx** dans l'entrée, une branche de **gui** au-dessus de la porte. Patrick explique que c'est une tradition : pour la nouvelle année, on s'embrasse sous le gui pour souhaiter une bonne année. C'est pour cela que l'on en place souvent une branche dans l'entrée.

Sentir (verbe) : to smell

Fignoler (verbe) : to perfect, to tweak [sth]
Collier (m) (nom commun) : necklace
Tailler (verbe) : to cut, to trim
Fourrure (f) (nom commun) : fur
S'avérer (verbe pronominal) : to prove to be [sth], to turn out to be [sth]
Tandis que (locution conjonction) : while, when
Trempé (adjectif) : soaked, wet
Brosse (f) (nom commun) : brush
Ému (adjectif) : moved, touched
Houx (m) (nom commun) : holly
Gui (m) (nom commun) : mistletoe

Dans le salon il y a aussi, bien sûr, un très beau sapin, richement décoré de **guirlandes** dorées et de boules vertes et rouges. Une étoile **coiffe** son sommet. Dans la cheminée, un feu **crépite** doucement. À côté de la cheminée, il y a une petite table sur laquelle la crèche est dressée. Tous les personnages sont là, ils sont très jolis : « Ce sont des **santons** provençaux, c'est une spécialité de Provence, explique Adam. Chaque année, mes parents en offrent un nouveau aux parents de Céline. » Il ne manque qu'un seul élément : le petit Jésus. Il sera ajouté à minuit, puisqu'il est censé être né dans la nuit du 24 au 25 décembre.

Enfin, dans la cuisine, une **odeur** extraordinaire s'échappe du **four** : c'est la dinde aux marrons, plat traditionnel de Noël. Il se dégage de tout ceci une atmosphère chaleureuse, conviviale et joyeuse. Clara se sent vraiment faire partie de la famille, elle n'a pas du tout l'impression d'être en visite. Elle se sent presque chez elle, et cela la fait sourire.

« Tu as pris tes **chaussons** ? demande Mattéo.

- Comment ça, mes chaussons ? s'étonne Clara. Pourquoi veux-tu que je prenne mes chaussons en venant vous voir ?

- Mattéo a raison, pas de chaussons, pas de cadeau ! dit Florence, en blaguant.

- Oh, tu exagères, ça marche avec des chaussures aussi, **argumente** Céline.

- C'est quoi cette histoire de chaussures ? insiste Clara.

- Aux États-Unis, vous mettez des chaussettes pour les cadeaux. Chez nous,

on met **carrément** les chaussures sous le sapin, explique Patrick. Je te prête une paire, tu ne vas pas rentrer chez toi **pieds nus** ce soir, il fait un peu trop froid pour ça. »

Le soir, le dîner de Noël est dressé sur une belle table, avec une **nappe** blanche, des couverts en argent et une belle **vaisselle** qui appartenait à la mère de Florence. Le repas est excellent, de l'entrée au dessert. À la fin du repas, pour le gâteau de Céline, on ouvre une bouteille de vin doux, qui accompagne à merveille les plats sucrés. Tout le monde se régale. **Non loin**, alors que tout le monde discute et rit, Marie dort à poings fermés. Un peu après minuit, Mattéo va ajouter le santon du petit Jésus à la crèche. Puis, quand tout le monde est bien fatigué, chacun rentre chez soi - après avoir réparti les chaussures sous le sapin.

Avant de partir, Marc, Clara et Céline placent leurs cadeaux sur les chaussures de chacun. Puis ils rentrent dormir, se disant à demain, pour l'ouverture des cadeaux puis le déjeuner de Noël. Adam rentre avec Céline et Clara à l'appartement de la rue Duviard, sous l'œil **attendri** des parents de Céline, qui trouvent le petit couple très mignon. Le lendemain, tout le monde se retrouvera à nouveau vers midi.

Guirlande (f) (nom commun) : garland, tinsel
Coiffer (verbe) : to top something off (in this context)
Crépiter (verbe) : to crackle
Santon (m) (nom commun) : nativity figurine
Odeur (f) (nom commun) : smell, fragrance
Four (m) (nom commun) : oven
Chausson (m) (nom commun) : slipper
Argumenter (verbe) : to argue, to present your arguments
Carrément (adverbe) : actually (in this context)
Pieds nus (locution adjectivale) : barefoot
Nappe (f) (nom commun) : tablecloth
Vaisselle (f) (nom commun) : tableware, dishes
Non loin (locution adverbiale) : not far
Attendri (adjectif) : tenderized

Questions (Chapitre 9)

1. Pourquoi Céline n'apprécie-t-elle pas autant la neige que Clara ?
a) Parce qu'elle trouve que cela rend les rues glissantes
b) Parce qu'elle n'aime pas le froid
c) Parce qu'elle doit déneiger son allée tous les matins
d) Parce qu'elle pense que la neige va salir rapidement

2. Quel plat traditionnel la mère de Céline a-t-elle prévu pour le repas de Noël ? (Plusieurs réponses possibles)
a) Un gratin de cardons
b) Une dinde farcie aux marrons
c) Une bûche de Noël
d) Des truffes au chocolat

3. Que prépare Clara pour Scruffles avant de se rendre chez les parents de Céline ?
a) Un collier de perles
b) Un manteau de fourrure
c) Un coup de brosse et un collier spécial
d) Un séchage complet avec un sèche-cheveux

4. Pourquoi place-t-on une branche de gui dans l'entrée selon Patrick ?
a) Pour éloigner les mauvais esprits
b) Pour protéger la maison des tempêtes
c) Pour rappeler la saison des fêtes de fin d'année
d) Pour souhaiter une bonne année en s'embrassant en dessous

5. Quelle est la tradition des cadeaux de Noël ?
a) De les mettre dans des chaussettes sous le sapin
b) De les mettre dans des chaussures sous le sapin
c) De les mettre dans des bottes sous le sapin
d) De les mettre dans des pantoufles sous le sapin

9. Noël en famille

C'est la veille de Noël, la ville est calme, tout le monde s'affaire à l'intérieur, dans les cuisines et dans les salons, pour préparer le repas, empaqueter les derniers cadeaux, décorer les tables, s'habiller, se maquiller... Et, quelle chance : il neige ! Clara regarde les flocons tomber par la fenêtre. Quelques centimètres de neige se sont accumulés au sol pendant la nuit, et les bruits de la ville en sont réduits, comme étouffés. L'atmosphère est presque féérique.

« Oh, quelle rase ! ronchonne Céline. Ça va glisser sur les pentes de la Croix-Rousse et la neige va être toute noire en un rien de temps !

- Eh bah, Céline, quel optimisme ! ironise Clara. Regarde plutôt comme c'est beau : c'est Noël ! On a de la chance, voyons. »

Céline rit et admet, oui, c'est joli. C'est pénible, mais c'est joli. Céline n'aime pas le froid, ni la neige. Clara n'aime pas avoir froid non plus, mais elle s'émeut de la beauté du paysage. Et puis, Adam est arrivé. Il est chez les parents de Céline ce matin, il a promis d'aider à cuisiner la dinde farcie aux marrons, plat traditionnel. La mère de Céline a également prévu un gratin de cardons.

Céline, elle, s'affaire dans la cuisine pour finaliser le dessert. Ça sent bon

9. Family Christmas

It's Christmas Eve, the town is quiet, everyone is busy indoors, in the kitchens and living rooms, preparing the meal, packing the last presents, decorating the tables, getting dressed, putting on make-up... And what luck: it's snowing! Clara watches the snowflakes fall through the window. A few centimetres of snow have accumulated on the ground during the night, and the sounds of the city are muffled. The atmosphere is almost magical.

"Oh, what a bore! grumbles Céline. It's going to slide down the slopes of the Croix-Rousse and the snow will be black in no time!

- Well, Céline, that's optimism for you! Look how beautiful it is: it's Christmas! We're so lucky!"

Céline laughs and admits, Yes, it's lovely. It's a pain, but it's pretty. Céline doesn't like the cold, or the snow. Clara doesn't like being cold either, but she's moved by the beauty of the landscape. And then Adam arrived. He's at Céline's parents' house this morning, and has promised to help cook the traditional turkey stuffed with chestnuts. Céline's mother has also planned a gratin of cardoons.

Céline is busy in the kitchen finalizing the dessert. It smells of

le chocolat et les fruits fraîchement coupés. Clara, de son côté, fignole ses cadeaux et sa tenue de Noël. Elle prépare aussi Scruffles : un coup de brosse et un collier spécial pour l'occasion, pas de raison qu'il ne soit pas un peu élégant, lui aussi ! Elle taille sa moustache, son museau, autour de ses yeux, et égalise sa fourrure autour des oreilles. Voilà : le chien est tout beau.

Quand elles se sentent prêtes, en début d'après-midi, les filles se rendent enfin chez les parents de Céline. Sur le chemin, la neige s'avère en effet très glissante. Clara et Céline manquent de tomber plus d'une fois, mais tiennent le coup, tandis que Scruffles, tout surpris, essaye de manger la neige. C'est la première fois qu'il en voit et il ne veut que jouer et courir ! Clara s'inquiète pour sa jolie fourrure, toute trempée par la neige fondue. Heureusement, elle a pris la brosse. Un petit coup de séchage et de brosse en arrivant et il devrait être à nouveau présentable.

Tout le monde est là : Adam, les frères de Céline, sa belle-sœur, sa petite nièce Marie, toujours aussi mignonne, les parents... Clara est très émue. L'appartement est très joliment décoré : des fleurs un peu partout, des roses de Noël – fleurs d'un rose pâle qui fleurissent en hiver, très délicates, les fleurs préférées de Céline. Il y a aussi une couronne de houx dans l'entrée,

chocolate and freshly cut fruit. Clara, meanwhile, is putting the finishing touches to her presents and Christmas outfit. She's also getting Scruffles ready: a brush and a special collar for the occasion, no reason why he shouldn't be a little elegant too! She trims his moustache, his muzzle, around his eyes, and evens out his fur around his ears. Voilà: the dog is all handsome.

When they feel ready, in the early afternoon, the girls finally make their way to Céline's parents' house. On the way, the snow turns out to be very slippery indeed. Clara and Céline almost fall more than once, but hold on, while a surprised Scruffles tries to eat the snow. It's the first time he's ever seen snow, and all he wants to do is play and run! Clara is worried about her pretty fur, all soaked with slush. Luckily, she's got the brush. A quick blow-dry and brush on arrival and he should be presentable again.

Everyone's there: Adam, Céline's brothers, her sister-in-law, her little niece Marie, as cute as ever, and her parents... Clara is very moved. The apartment is beautifully decorated: flowers everywhere, Christmas roses - pale pink flowers that bloom in winter, very delicate, Céline's favorite flowers. There's also a wreath of holly in the entrance hall, and a branch of mistletoe above the door.

une branche de gui au-dessus de la porte. Patrick explique que c'est une tradition : pour la nouvelle année, on s'embrasse sous le gui pour souhaiter une bonne année. C'est pour cela que l'on en place souvent une branche dans l'entrée.

Dans le salon il y a aussi, bien sûr, un très beau sapin, richement décoré de guirlandes dorées et de boules vertes et rouges. Une étoile coiffe son sommet. Dans la cheminée, un feu crépite doucement. À côté de la cheminée, il y a une petite table sur laquelle la crèche est dressée. Tous les personnages sont là, ils sont très jolis : « Ce sont des santons provençaux, c'est une spécialité de Provence, explique Adam. Chaque année, mes parents en offrent un nouveau aux parents de Céline. » Il ne manque qu'un seul élément : le petit Jésus. Il sera ajouté à minuit, puisqu'il est censé être né dans la nuit du 24 au 25 décembre.

Enfin, dans la cuisine, une odeur extraordinaire s'échappe du four : c'est la dinde aux marrons, plat traditionnel de Noël. Il se dégage de tout ceci une atmosphère chaleureuse, conviviale et joyeuse. Clara se sent vraiment faire partie de la famille, elle n'a pas du tout l'impression d'être en visite. Elle se sent presque chez elle, et cela la fait sourire.

« Tu as pris tes chaussons ? demande

Patrick explains that it's a tradition: for the New Year, we kiss under the mistletoe to wish everyone a happy new year. That's why a branch is often placed in the entrance hall.

In the living room, of course, there's also a beautiful fir tree, richly decorated with gold garlands and green and red baubles. A star sits atop the tree. A fire crackles gently in the fireplace. Next to the fireplace is a small table on which the nativity scene is set up. All the figures are there, and they're very pretty: "They're Provencal santons, a specialty of Provence, explains Adam. Every year, my parents give a new one to Céline's parents." Only one element is missing: the little Jesus. He will be added at midnight, since he is supposed to have been born on the night of December 24-25.

Finally, in the kitchen, an extraordinary aroma emanates from the oven: it's the turkey with chestnuts, a traditional Christmas dish. The atmosphere is warm, friendly and cheerful. Clara really feels part of the family, not at all like a visitor. She feels almost at home, and that makes her smile.

"Did you bring your slippers? asks

Mattéo.

- Comment ça, mes chaussons ? s'étonne Clara. Pourquoi veux-tu que je prenne mes chaussons en venant vous voir ?

- Mattéo a raison, pas de chaussons, pas de cadeau ! dit Florence, en blaguant.

- Oh, tu exagères, ça marche avec des chaussures aussi, argumente Céline.

- C'est quoi cette histoire de chaussures ? insiste Clara.

- Aux États-Unis, vous mettez des chaussettes pour les cadeaux. Chez nous, on met carrément les chaussures sous le sapin, explique Patrick. Je te prête une paire, tu ne vas pas rentrer chez toi pieds nus ce soir, il fait un peu trop froid pour ça. »

Le soir, le dîner de Noël est dressé sur une belle table, avec une nappe blanche, des couverts en argent et une belle vaisselle qui appartenait à la mère de Florence. Le repas est excellent, de l'entrée au dessert. À la fin du repas, pour le gâteau de Céline, on ouvre une bouteille de vin doux, qui accompagne à merveille les plats sucrés. Tout le monde se régale. Non loin, alors que tout le monde discute et rit, Marie dort à poings fermés. Un peu après minuit, Mattéo va ajouter le santon du petit Jésus à la crèche.

Mattéo.

- What do you mean, my slippers? exclaims Clara. Why do you want me to take my slippers when I come to see you?

- Mattéo's right, no slippers, no present! says Florence, jokingly.

- Oh, you're exaggerating, it works with shoes too, argues Céline.

- What's all this about shoes? insists Clara.

- In the States, you put socks for gifts. Here, we actually put shoes under the tree, explains Patrick. I'll lend you a pair, but you're not going home barefoot tonight, it's a bit too cold for that."

In the evening, Christmas dinner is set on a beautiful table, with a white tablecloth, silver cutlery and fine crockery that belonged to Florence's mother. The meal is excellent, from appetizer to dessert. At the end of the meal, for Céline's cake, we open a bottle of sweet wine, the perfect accompaniment to sweet dishes. Everyone enjoys the meal. Nearby, while everyone is chatting and laughing, Marie is fast asleep. A little after midnight, Mattéo adds the baby Jesus santon to the crib. Then, when

Puis, quand tout le monde est bien fatigué, chacun rentre chez soi - après avoir réparti les chaussures sous le sapin.	everyone is quite tired, everyone goes home - after distributing the shoes under the tree.
Avant de partir, Marc, Clara et Céline placent leurs cadeaux sur les chaussures de chacun. Puis ils rentrent dormir, se disant à demain, pour l'ouverture des cadeaux puis le déjeuner de Noël. Adam rentre avec Céline et Clara à l'appartement de la rue Duviard, sous l'œil attendri des parents de Céline, qui trouvent le petit couple très mignon. Le lendemain, tout le monde se retrouvera à nouveau vers midi.	Before leaving, Marc, Clara and Céline place their gifts on everyone's shoes. Then it's off to bed, with tomorrow's opening and Christmas lunch. Adam returns with Céline and Clara to the rue Duviard apartment, watched by Céline's parents, who think the little couple are very cute. The next day, everyone meets up again around noon.

Questions (Chapitre 9)

1. Pourquoi Céline n'apprécie-t-elle pas autant la neige que Clara ?
a) Parce qu'elle trouve que cela rend les rues glissantes
b) Parce qu'elle n'aime pas le froid
c) Parce qu'elle doit déneiger son allée tous les matins
d) Parce qu'elle pense que la neige va salir rapidement

2. Quel plat traditionnel la mère de Céline a-t-elle prévu pour le repas de Noël ? (Plusieurs réponses possibles)
a) Un gratin de cardons
b) Une dinde farcie aux marrons
c) Une bûche de Noël
d) Des truffes au chocolat

3. Que prépare Clara pour Scruffles avant de se rendre chez les parents de Céline ?
a) Un collier de perles
b) Un manteau de fourrure
c) Un coup de brosse et un collier spécial
d) Un séchage complet avec un sèche-cheveux

4. Pourquoi place-t-on une branche de gui dans l'entrée selon Patrick ?
a) Pour éloigner les mauvais esprits
b) Pour protéger la maison des tempêtes
c) Pour rappeler la saison des fêtes de fin d'année
d) Pour souhaiter une bonne année en s'embrassant en dessous

Questions (Chapter 9)

1. Why doesn't Céline appreciate the snow as much as Clara?
a) Because she finds it makes the streets slippery
b) Because she doesn't like the cold
c) Because she has to shovel her driveway every morning
d) Because she thinks the snow will get dirty quickly

2. What traditional dish did Céline's mother plan for the Christmas dinner? (Multiple answers possible)
a) A gratin of cardoons
b) A chestnut-stuffed turkey
c) A Yule log
d) Chocolate truffles

3. What does Clara prepare for Scruffles before going to Céline's parents' house?
a) A pearl necklace
b) A fur coat
c) A brush and a special collar
d) Complete drying with a hairdryer

4. Why is a branch of mistletoe placed in the entrance according to Patrick?
a) To ward off evil spirits
b) To protect the house from storms
c) To recall the holiday season
d) To wish a happy new year by kissing underneath

5. Quelle est la tradition des cadeaux de Noël ?
a) De les mettre dans des chaussettes sous le sapin
b) De les mettre dans des chaussures sous le sapin
c) De les mettre dans des bottes sous le sapin
d) De les mettre dans des pantoufles sous le sapin

5. What is the Christmas gift tradition?
a) Putting them in socks under the tree
b) Putting them in shoes under the tree
c) Putting them in boots under the tree
d) Putting them in slippers under the tree

10. Derniers jours et grand départ…

Le 25 décembre est le jour de Noël. C'est aussi **l'avant-veille** du départ de Clara, car son **vol** partira le 27 de l'aéroport Saint-Exupéry, l'aéroport international de Lyon. Elle éprouve des sentiments très **mélangés** : elle est heureuse de passer ces moments avec sa famille d'adoption, triste de partir, mais aussi très contente de retrouver bientôt sa famille et ses amis. Le 26, son programme est chargé : finir ses valises et dire au revoir aux gens qui comptent le plus : Valentine, Christophe, Constance et, bien évidemment, Adam.

Mais pour l'heure, les filles et Adam redescendent les pentes de la Croix-Rousse en direction de l'appartement familial. Quand ils arrivent, passant sous le gui dans l'entrée, Clara demande si cette tradition de **s'embrasser** sous le gui marche si on le fait avant la nouvelle année. « **Pas vraiment**, répond Patrick, en riant. Mais on fait une exception pour ceux qui **quittent** le pays avant le Nouvel An ! »

Clara **attire** alors Adam sous le gui pour l'embrasser. Toute la famille rit en les voyant, puis chacun à son tour vient **faire un câlin à** Clara devant la porte. Elle a les larmes aux yeux. Tout le monde est très ému de la voir partir

bientôt.

Pour l'apéritif, on se retrouve autour du sapin avec un verre de champagne. Puis Mattéo s'occupe de la distribution des cadeaux. Naturellement, tout le monde est ravi. Les parents de Céline ont fait à Clara le plus attentionné des cadeaux : un album photo **résumant** toute son année à Lyon. Ils ont demandé des photos à Céline et à Valentine, et ils ont pu tout **reconstituer** : son arrivée à l'aéroport, sa petite chambre dans l'appartement, l'adoption de Scruffles, les longues soirées d'étude à la bibliothèque universitaire, les promenades dans les rues de Lyon, les musées, les voyages à Antibes, Paris, Bruxelles, puis Annecy, les vacances au ski... C'est fantastique, et tout le monde se réunit autour d'elle pour regarder les images, se **remémorant** chaque évènement avec plaisir. La **naissance** de Marie, l'anniversaire des 18 ans des filles, la visite de l'appartement de la rue Duviard, leur déménagement... Puis les tours en bateau, dans le Sud, et les journées à la plage ; tout y est !

L'avant-veille (locution nominale) : two days before
Vol (m) (nom commun) : flight
Mélangé (adjectif) : mixed, mixed up
S'embrasser (verbe pronominal) : to kiss, to kiss each other
Pas vraiment (locution adverbiale) : not really
Quitter (verbe) : to leave, to go
Attirer (verbe) : to attract
Faire un câlin à (locution verbale) : to give [sb] a hug
Résumer (verbe) : to summarize
Reconstituer (verbe) : to retrace, to piece together
Se remémorer (verbe pronominal) : to recall, to remember
Naissance (f) (nom commun) : birth

Toujours très émotive, Clara a encore envie de **pleurer**, mais ce n'est pas le moment : le déjeuner est prêt. Au menu, tournedos Rossini - des tournedos avec une **tranche** de foie gras poêlée posée sur le dessus - gratin de pommes de terre aux cèpes, salade verte, fromages et **île flottante** en dessert. Clara n'avait jamais mangé d'île flottante, et elle trouve ce dessert divin. Florence lui en donne la recette : c'est très simple, une crème anglaise et des œufs **battus** en neige. Clara note bien les ingrédients et les étapes pour la reproduire chez ses parents quand elle rentrera.

Dans l'après-midi, chacun se sent fatigué. En fin de journée, après quelques discussions **au coin du feu**, Clara décide de rentrer. Adam et

Céline l'accompagnent. Elle veut préparer sa valise pour être **disponible** le lendemain, car elle veut passer du temps avec ses amis.

Le soir, Adam et Céline cuisinent et papotent dans la cuisine tandis que Clara **s'affaire** à faire sa valise. Tout est prêt : les deux **énormes** valises, les papiers du chien, son passeport, son sac pour le voyage avec un pull, une écharpe, des **écouteurs**, un livre et un petit **coussin** de voyage. Quand tout est fini, les trois amis se mettent autour de la table. C'est alors que quelqu'un sonne à la porte. Clara va ouvrir, et quelle n'est pas sa surprise ! Les amis sont là : Max, Constance, Valentine et Christophe. Avec un gros bouquet de fleurs et quelques bouteilles de vin. « Je me disais bien que Céline et Adam avaient cuisiné en **grosse** quantité ! » s'exclame Clara, en riant d'émotion.

Pleurer (verbe) : to cry
Tranche (f) (nom commun) : slice
Île flottante (f) (nom commun) : floating island
Battu (adjectif) : beaten
Au coin du feu (locution adverbiale) : by the fire
Disponible (adjectif) : available, free
S'affairer (verbe pronominal) : to get busy
Énorme (adjectif) : enormous, huge
Écouteur (m) (nom commun) : headset
Coussin (m) (nom commun) : cushion, pillow
Gros (adjectif) : big, large

Cette fin d'année à Lyon lui semble très précipitée : c'est l'effet de Noël, les fêtes de fin d'année donnent toujours le sentiment que le temps s'arrête et **s'accélère** en même temps. Mais c'est une bonne chose, car Clara n'a pas vu le temps passer et ne s'est pas trop inquiétée pour la suite. Elle va devoir retrouver son **quotidien** aux États-Unis et se refaire de nouveaux amis à la fac. Quitter son **cocon** croix-roussien et ses amis d'ici pour se recréer une petite vie tranquille **là-bas**. Ce n'est pas qu'elle ne s'en sente pas capable, mais c'est plutôt qu'elle a l'impression de quitter un environnement vraiment **propice** à grandir en tant qu'adulte. En France, elle a trouvé un rythme paisible pour **s'épanouir**. La vie d'étudiant lui a apporté beaucoup de sérénité et de bonheur.

Mais elle est certaine que les amitiés forgées durant cette année **perdureront**. Et elle est maintenant presque sûre de ne pas **perdre** Adam : pour Noël, il lui a offert une paire de boucles d'oreilles, mais surtout, un billet d'avion ;

pas pour elle, mais pour lui. Adam va venir la voir aux États-Unis au mois de mars !

Après cette soirée encore une fois mémorable, la journée du 26 est dédiée aux derniers préparatifs et à quelques thés entre amies. Tout va très vite, et c'est le cœur serré que Clara va se coucher la veille de son départ. Elle dort très peu, mais ça n'a pas d'importance : le voyage sera fatigant **quoiqu'**il arrive. Quand les parents de Céline viennent les chercher le matin pour l'emmener à l'aéroport, les filles et Adam sont déjà dans la rue, avec Scruffles et les lourdes valises. Le trajet en voiture est presque **silencieux**, mais on sent que chacun pense à la même chose : « Tu vas beaucoup nous manquer, Clara ! »

Et c'est à l'aéroport, devant le check in des bagages, que chacun prend Clara dans ses bras et dit à voix haute : « Tu vas nous manquer terriblement, reviens nous voir dès que tu le peux ! » Puis Clara se retourne, **saisit** son passeport, va vers le **comptoir** pour **enregistrer** ses valises. C'est la fin d'une belle aventure, et le début d'une nouvelle.

S'accélérer (verbe pronominal) : to accelerate, to speed up
Quotidien (adjectif) : daily
Cocon (m) (nom commun) : cocoon
Là-bas (adverbe) : over there
Propice (adjectif) : opportune, favorable
S'épanouir (verbe pronominal) : to blossom
Perdurer (verbe) : to endure, to persist
Perdre (verbe) : to lose
Quoique (conjonction) : although, though
Silencieux (adjectif) : silent, quiet
Saisir (verbe) : to grab, to grasp
Comptoir (m) (nom commun) : counter
Enregistrer (verbe) : to check in

Questions (Chapitre 10)

1. Quel est le programme de Clara pour le 26 décembre ?
a) Finir ses valises et dire au revoir à sa famille et ses amis
b) Aller faire une promenade dans les rues de Lyon
c) Organiser une fête d'adieu à la maison
d) Visiter des musées et des monuments à Lyon

2. Qui s'occupe de la distribution des cadeaux ?
a) Clara
b) Céline
c) Mattéo
d) Adam

3. Quel cadeau les parents de Céline ont-ils offert à Clara ?
a) Un billet d'avion pour revenir en France l'année prochaine
b) Un album photo retraçant toute son année à Lyon
c) Un guide touristique sur la France
d) Une carte-cadeau pour un restaurant renommé à Lyon

4. C'est quoi une île flottante ?
a) Un plat principal à base de poisson et de fruits de mer
b) Un dessert composé de crème glacée et de biscuits
c) Un dessert de crème anglaise avec des blancs d'œufs montés en neige
d) Un plat traditionnel de viande et de légumes mijotés

5. Quel cadeau de Noël Adam a-t-il offert à Clara ?
a) Une montre
b) Des boucles d'oreilles
c) Un livre
d) Un billet d'avion

10. Derniers jours et grand départ...

Le 25 décembre est le jour de Noël. C'est aussi l'avant-veille du départ de Clara, car son vol partira le 27 de l'aéroport Saint-Exupéry, l'aéroport international de Lyon. Elle éprouve des sentiments très mélangés : elle est heureuse de passer ces moments avec sa famille d'adoption, triste de partir, mais aussi très contente de retrouver bientôt sa famille et ses amis. Le 26, son programme est chargé : finir ses valises et dire au revoir aux gens qui comptent le plus : Valentine, Christophe, Constance et, bien évidemment, Adam.

Mais pour l'heure, les filles et Adam redescendent les pentes de la Croix-Rousse en direction de l'appartement familial. Quand ils arrivent, passant sous le gui dans l'entrée, Clara demande si cette tradition de s'embrasser sous le gui marche si on le fait avant la nouvelle année. « Pas vraiment, répond Patrick, en riant. Mais on fait une exception pour ceux qui quittent le pays avant le Nouvel An ! »

Clara attire alors Adam sous le gui pour l'embrasser. Toute la famille rit en les voyant, puis chacun à son tour vient faire un câlin à Clara devant la porte. Elle a les larmes aux yeux. Tout le monde est très ému de la voir partir bientôt.

10. The last days and the big departure...

December 25 is Christmas Day. It's also the eve of Clara's departure, as her flight leaves on the 27th from Saint-Exupéry airport, Lyon's international airport. Her feelings are very mixed: she's happy to be spending this time with her adopted family, sad to be leaving, but also very happy to soon be reunited with her family and friends. On the 26th, she has a busy schedule: finishing packing and saying goodbye to the people who mean the most to her: Valentine, Christophe, Constance and, of course, Adam.

But for now, the girls and Adam head back down the slopes of the Croix-Rousse towards the family apartment. As they arrive, passing under the mistletoe in the entrance hall, Clara asks if this tradition of kissing under the mistletoe works if you do it before the New Year. "Not really, replies Patrick, laughing. But we do make an exception for those who leave the country before New Year's!"

Clara then pulls Adam under the mistletoe to kiss him. The whole family laughs at the sight of them, then takes turns hugging Clara outside the door. She has tears in her eyes. Everyone is very moved to see her go.

Pour l'apéritif, on se retrouve autour du sapin avec un verre de champagne. Puis Mattéo s'occupe de la distribution des cadeaux. Naturellement, tout le monde est ravi. Les parents de Céline ont fait à Clara le plus attentionné des cadeaux : un album photo résumant toute son année à Lyon. Ils ont demandé des photos à Céline et à Valentine, et ils ont pu tout reconstituer : son arrivée à l'aéroport, sa petite chambre dans l'appartement, l'adoption de Scruffles, les longues soirées d'étude à la bibliothèque universitaire, les promenades dans les rues de Lyon, les musées, les voyages à Antibes, Paris, Bruxelles, puis Annecy, les vacances au ski... C'est fantastique, et tout le monde se réunit autour d'elle pour regarder les images, se remémorant chaque évènement avec plaisir. La naissance de Marie, l'anniversaire des 18 ans des filles, la visite de l'appartement de la rue Duviard, leur déménagement... Puis les tours en bateau, dans le Sud, et les journées à la plage ; tout y est !

Toujours très émotive, Clara a encore envie de pleurer, mais ce n'est pas le moment : le déjeuner est prêt. Au menu, tournedos Rossini - des tournedos avec une tranche de foie gras poêlée posée sur le dessus - gratin de pommes de terre aux cèpes, salade verte, fromages et île flottante en dessert. Clara n'avait jamais mangé d'île flottante, et elle trouve ce dessert divin. Florence lui en donne

For the aperitif, we gather around the tree with a glass of champagne. Then Mattéo distributes the presents. Naturally, everyone is delighted. Céline's parents gave Clara the most thoughtful gift of all: a photo album summarizing her entire year in Lyon. They asked Céline and Valentine for photos, and were able to piece it all together: her arrival at the airport, her little room in the apartment, the adoption of Scruffles, the long evenings studying in the university library, the walks through the streets of Lyon, the museums, the trips to Antibes, Paris, Brussels, then Annecy, the ski vacations... It's fantastic, and everyone gathers around her to watch the images, recalling each event with pleasure. Marie's birth, the girls' 18th birthdays, the visit to the apartment on Duviard street, their move... Then there were the boat trips down south and the days at the beach - it's all there!

Still very emotional, Clara wants to cry again, but now is not the time: lunch is ready. On the menu, tournedos Rossini - tournedos with a slice of pan-fried foie gras on top - potato gratin with porcini mushrooms, green salad, cheeses and île flottante for dessert. Clara had never eaten île flottante, and found the dessert divine. Florence gives her the recipe: it's very simple,

la recette : c'est très simple, une crème anglaise et des œufs battus en neige. Clara note bien les ingrédients et les étapes pour la reproduire chez ses parents quand elle rentrera.

Dans l'après-midi, chacun se sent fatigué. En fin de journée, après quelques discussions au coin du feu, Clara décide de rentrer. Adam et Céline l'accompagnent. Elle veut préparer sa valise pour être disponible le lendemain, car elle veut passer du temps avec ses amis.

Le soir, Adam et Céline cuisinent et papotent dans la cuisine tandis que Clara s'affaire à faire sa valise. Tout est prêt : les deux énormes valises, les papiers du chien, son passeport, son sac pour le voyage avec un pull, une écharpe, des écouteurs, un livre et un petit coussin de voyage. Quand tout est fini, les trois amis se mettent autour de la table. C'est alors que quelqu'un sonne à la porte. Clara va ouvrir, et quelle n'est pas sa surprise ! Les amis sont là : Max, Constance, Valentine et Christophe. Avec un gros bouquet de fleurs et quelques bouteilles de vin. « Je me disais bien que Céline et Adam avaient cuisiné en grosse quantité ! » s'exclame Clara, en riant d'émotion.

Cette fin d'année à Lyon lui semble très précipitée : c'est l'effet de Noël, les fêtes de fin d'année donnent toujours le sentiment que le temps s'arrête et s'accélère en même temps. Mais

a custard and eggs beaten until stiff. Clara makes a note of the ingredients and the steps, so she can reproduce it at her parents' house when she gets home.

In the afternoon, everyone is feeling tired. At the end of the day, after a few fireside chats, Clara decides to head home. Adam and Céline accompany her. She wants to prepare her suitcase so she'll be available the next day, as she wants to spend time with her friends.

In the evening, Adam and Céline cook and chat in the kitchen, while Clara packs her suitcase. Everything is ready: the two huge suitcases, the dog's papers, passport, travel bag with sweater, scarf, headphones, book and small travel pillow. When everything is finished, the three friends gather around the table. Just then, someone rings the doorbell. Clara goes to open it, and what a surprise! The friends are there: Max, Constance, Valentine and Christophe. With a big bouquet of flowers and a few bottles of wine. "I thought Céline and Adam had cooked a lot!" exclaims Clara, laughing with emotion.

The end of the year in Lyon seems very hurried to her: it's the Christmas effect, the end-of-year festivities always give the feeling that time stops and speeds up at the same time. But

French	English
c'est une bonne chose, car Clara n'a pas vu le temps passer et ne s'est pas trop inquiétée pour la suite. Elle va devoir retrouver son quotidien aux États-Unis et se refaire de nouveaux amis à la fac. Quitter son cocon croix-roussien et ses amis d'ici pour se recréer une petite vie tranquille là-bas. Ce n'est pas qu'elle ne s'en sente pas capable, mais c'est plutôt qu'elle a l'impression de quitter un environnement vraiment propice à grandir en tant qu'adulte. En France, elle a trouvé un rythme paisible pour s'épanouir. La vie d'étudiant lui a apporté beaucoup de sérénité et de bonheur.	it's a good thing, because Clara hasn't seen time go by and hasn't worried too much about what's to come. She'll have to get back to her everyday life in the States and make new friends at college. Leaving behind her Cross-Roussian cocoon and her friends here to recreate a quiet little life over there. It's not that she doesn't feel up to it, but rather that she feels she's leaving an environment that's really conducive to growing up as an adult. In France, she has found a peaceful rhythm in which to blossom. Student life has brought her a lot of serenity and happiness.
Mais elle est certaine que les amitiés forgées durant cette année perdureront. Et elle est maintenant presque sûre de ne pas perdre Adam : pour Noël, il lui a offert une paire de boucles d'oreilles, mais surtout, un billet d'avion ; pas pour elle, mais pour lui. Adam va venir la voir aux États-Unis au mois de mars !	But she's certain that the friendships forged over the past year will endure. And she's now pretty sure she won't lose Adam: for Christmas, he gave her a pair of earrings, but more importantly, a plane ticket; not for her, but for him. Adam will be visiting her in the United States in March!
Après cette soirée encore une fois mémorable, la journée du 26 est dédiée aux derniers préparatifs et à quelques thés entre amies. Tout va très vite, et c'est le cœur serré que Clara va se coucher la veille de son départ. Elle dort très peu, mais ça n'a pas d'importance : le voyage sera fatigant quoiqu'il arrive. Quand les parents de Céline viennent les chercher le matin pour l'emmener à l'aéroport, les filles et Adam sont	After another memorable evening, the day of the 26th was devoted to final preparations and a few teas with friends. Everything went very quickly, and it was with a heavy heart that Clara went to bed the night before her departure. She sleeps very little, but it doesn't matter: the trip will be tiring whatever happens. When Céline's parents pick them up in the morning to take her to the airport, the girls and Adam are

déjà dans la rue, avec Scruffles et les lourdes valises. Le trajet en voiture est presque silencieux, mais on sent que chacun pense à la même chose : « Tu vas beaucoup nous manquer, Clara ! »

Et c'est à l'aéroport, devant le check in des bagages, que chacun prend Clara dans ses bras et dit à voix haute : « Tu vas nous manquer terriblement, reviens nous voir dès que tu le peux! » Puis Clara se retourne, saisit son passeport, va vers le comptoir pour enregistrer ses valises. C'est la fin d'une belle aventure, et le début d'une nouvelle.

already on the street, with Scruffles and the heavy suitcases. The car ride is almost silent, but you can feel that everyone is thinking the same thing: "We're going to miss you so much, Clara!"

And it's at the airport, in front of the baggage check-in, that everyone hugs Clara and says aloud, "We're going to miss you terribly, come back and see us as soon as you can!" Then Clara turns around, grabs her passport and heads for the check-in counter. It's the end of a great adventure, and the beginning of a new one.

Questions (Chapitre 10)

1. Quel est le programme de Clara pour le 26 décembre ?
a) Finir ses valises et dire au revoir à sa famille et ses amis
b) Aller faire une promenade dans les rues de Lyon
c) Organiser une fête d'adieu à la maison
d) Visiter des musées et des monuments à Lyon

2. Qui s'occupe de la distribution des cadeaux ?
a) Clara
b) Céline
c) Mattéo
d) Adam

3. Quel cadeau les parents de Céline ont-ils offert à Clara ?
a) Un billet d'avion pour revenir en France l'année prochaine
b) Un album photo retraçant toute son année à Lyon
c) Un guide touristique sur la France
d) Une carte-cadeau pour un restaurant renommé à Lyon

4. C'est quoi une île flottante ?
a) Un plat principal à base de poisson et de fruits de mer
b) Un dessert composé de crème glacée et de biscuits
c) Un dessert de crème anglaise avec des blancs d'œufs montés en neige
d) Un plat traditionnel de viande et de légumes mijotés

Questions (Chapter 10)

1. What is Clara's plan for December 26th?
a) Finish packing her suitcases and say goodbye to her family and friends
b) Take a stroll through the streets of Lyon
c) Organize a farewell party at home
d) Visit museums and monuments in Lyon

2. Who is in charge of distributing the gifts?
a) Clara
b) Céline
c) Mattéo
d) Adam

3. What gift did Céline's parents give Clara?
a) A plane ticket to return to France next year
b) A photo album tracing her entire year in Lyon
c) A tourist guide on France
d) A gift card for a renowned restaurant in Lyon

4. What is "île flottante"?
a) A main course dish made of fish and seafood
b) A dessert consisting of ice cream and biscuits
c) A dessert of custard with beaten egg whites
d) A traditional dish of stewed meat and vegetables

5. Quel cadeau de Noël Adam a-t-il offert à Clara ? a) Une montre b) Des boucles d'oreilles c) Un livre d) Un billet d'avion	5. What Christmas gift did Adam give Clara? a) A watch b) Earrings c) A book d) A plane ticket

Bonus
Recette de l'Île Flottante

Ingrédients

- 4 gros œufs
- 100 g de sucre
- 1 gousse de vanille (ou extrait de vanille)
- 500 ml de lait
- 100 g de sucre pour le caramel
- Amandes effilées pour la garniture (facultatif)

Élaboration

1. Séparer les blancs d'œufs des jaunes. Battre les blancs en neige avec une pincée de sel jusqu'à ce qu'ils soient fermes.
2. Dans une casserole, chauffer le lait avec le sucre et la gousse de vanille (ou l'extrait de vanille) jusqu'à ce que le mélange soit chaud mais pas bouillant.
3. Former des quenelles avec les blancs d'œufs battus et les déposer délicatement dans le lait chaud. Les laisser cuire quelques minutes de chaque côté.
4. Retirer les quenelles de blancs d'œufs et les placer sur du papier absorbant.
5. Dans une petite casserole, faire fondre le sucre pour le caramel jusqu'à ce qu'il ait une couleur dorée. Verser le caramel au fond des ramequins.
6. Disposer les îles flottantes sur le caramel dans les ramequins.
7. Placer les ramequins au réfrigérateur pendant au moins deux heures avant de servir.
8. Au moment de servir, vous pouvez garnir d'amandes effilées pour ajouter une touche croquante.

Dégustez votre île flottante, un dessert délicat et aérien !

BONUS
FLOATING ISLAND RECIPE

Ingredients

- 4 large eggs
- 100 g sugar
- 1 vanilla pod (or vanilla extract)
- 500 ml milk
- 100 g sugar for caramel
- Slivered almonds for garnish (optional)

Preparation

1. Separate egg whites from yolks. Beat the egg whites with a pinch of salt until stiff peaks form.
2. In a saucepan, heat milk with sugar and the vanilla pod (or vanilla extract) until the mixture is warm but not boiling.
3. Shape quenelles with the beaten egg whites and gently place them in the warm milk. Let them cook for a few minutes on each side.
4. Remove the egg white quenelles and place them on absorbent paper.
5. In a small saucepan, melt sugar for caramel until it turns a golden color. Pour the caramel into the bottom of ramekins.
6. Arrange the floating islands on the caramel in the ramekins.
7. Refrigerate the ramekins for at least two hours before serving.
8. Just before serving, you can garnish with slivered almonds for an added crunchy touch.

Enjoy your floating island, a delicate and airy dessert!

ANSWERS

Chapter 1
1 : c
2 : b, c
3 : b
4 : a
5 : b

Chapter 2
1 : d
2 : d
3 : b
4 : b
5 : a, d

Chapter 3
1 : a, c, d
2 : d
3 : c
4 : b
5 : a

Chapter 4
1 : c
2 : c
3 : b
4 : a
5 : a

Chapter 5
1 : a, b
2 : b
3 : a
4 : c
5 : d

Chapter 6
1 : c
2 : b
3 : b
4 : b
5 : a

Chapter 7
1 : a, b, c, d
2 : d
3 : a
4 : c
5 : c

Chapter 8
1 : a
2 : c
3 : c
4 : d
5 : b

Chapter 9
1 : b
2 : a, b
3 : c
4 : d
5 : b

Chapter 10
1 : a
2 : c
3 : b
4 : c
5 : b

Download the Audiobook & PDF below!

www.ingramcontent.com/pod-product-compliance
Lightning Source LLC
Chambersburg PA
CBHW050208130526
44590CB00043B/3226